# Autocompreensão cristã

Diálogo das religiões

COLEÇÃO ALGO A DIZER

- *Autocompreensão cristã: diálogo das religiões* – Andrés Torres Queiruga
- *Esperança apesar do mal: a ressureição como horizonte* – Andrés Torres Queiruga
- *Ícones do mistério: a experiência de Deus* – Raim on Panikkar

andrés torres queiruga

# Autocompreensão
# cristã

## Diálogo das religiões

Paulinas

**Dados Internacionais de Catalogação na Publicação (CIP)**

**(Câmara Brasileira do Livro, SP, Brasil)**

Torres Queiruga, Andrés
   Autocompreensão cristã: diálogo das religiões / Andrés Torres
Queiruga ; [tradução José Afonso Beraldin da Silva]. – São Paulo : Paulinas,
2007. – (Coleção algo a dizer)

   Título original: Diálogo de las religiones y autocomprensión cristiana
   Bibliografia.
   ISBN 978-85-356-2055-9
   ISBN 84-293-1617-5 (ed. original)

   1. Cristianismo e outras religiões 2. Ecumenismo 3. União das Igrejas
cristãs I. Título. II. Série.

07-4886                                                                                     CDD-261.2

**Índice para catálogo sistemático:**

1. Diálogo inter-religioso : Cristianismo e outras religiões   261.2

Título original: *Diálogo de las religiones y autocomprensión cristiana*

© 2005 by Editorial Sal Terrae, Santander (Espanha).

| | |
|---|---|
| Direção-geral: | *Flávia Reginatto* |
| Conselho Editorial: | *Dr. Afonso M. L. Soares* |
| | *Dr. Antonio Francisco Lelo* |
| | *Dr. Francisco Camil Catão* |
| | *Luzia M. de Oliveira Sena* |
| | *Dra. Maria Alexandre de Oliveira* |
| | *Dr. Matthias Grenzer* |
| | *Dra. Vera Ivanise Bombonatto* |
| Editores responsáveis: | *Afonso M. L. Soares* |
| | *Vera Ivanise Bombonatto* |
| Tradução: | *José Afonso Beraldin da Silva* |
| Copidesque: | *Anoar Jarbas Provenzi* |
| Coordenação de revisão: | *Marina Mendonça* |
| Revisão: | *Jaci Dantas* |
| Direção de arte: | *Irma Cipriani* |
| Gerente de produção: | *Felício Calegaro Neto* |
| Capa e projeto gráfico: | *Manuel Rebelato Miramontes* |
| Editoração eletrônica: | *Ana Maria Onofri* |

Nenhuma parte desta obra poderá ser reproduzida ou transmitida por
qualquer forma e/ou quaisquer meios (eletrônico ou mecânico,
incluindo fotocópia e gravação) ou arquivada em qualquer sistema ou
banco de dados sem permissão escrita da Editora. Direitos reservados.

**Paulinas**
Rua Pedro de Toledo, 164
04039-000 – São Paulo – SP (Brasil)
Tel.: (11) 2125-3549 – Fax: (11) 2125-3548
http://www.paulinas.org.br – editora@paulinas.com.br
Telemarketing e SAC: 0800-7010081

© Pia Sociedade Filhas de São Paulo – São Paulo, 2007

A Ferdinando Sudati,
que, à paixão contemplativa, eremítica,
une o compromisso livre e aberto
por uma Igreja renovada,
testemunha fraternal do Evangelho
no mundo das religiões e da cultura.

# Prólogo

Este livro não teria nascido não fosse a insistência amiga e generosa de Ferdinando Sudati, envolvido com a publicação em italiano de um trabalho meu sobre o diálogo das religiões. Ele já tinha feito a tradução quando falou-me a respeito. Foi então que eu me dei conta de que aquele trabalho havia sido publicado em 1992, mais de dez anos antes. Tempo suficiente para exigir uma revisão de um tema intensamente tratado tanto pela teologia quanto pela filosofia da religião atuais. Impunha-se uma reelaboração, que inicialmente eu imaginava breve, limitada a simples retoques estilísticos. Como sempre, a realidade mostrou-se bem diferente, exigindo-me um trabalho mais longo e demorado, com uma atualização das informações e da própria reflexão.

Todavia, se é verdade que a ocasião desencadeou o processo, tudo aconteceu por causa de uma motivação mais profunda. Desde o meu livro sobre a Revelação (original galego de 1985), a importância do problema em si e um profundo interesse pelo mesmo se tornaram centrais em meu trabalho filosófico-teológico. De fato, as idéias principais são provenientes daquela obra. Sobretudo porque na ocasião, de acordo com o princípio segundo o qual "todas as religiões são — a seu modo e em sua específica medida — verdadeiras", e partindo de uma concepção "maiêutica" da revelação, tornou-se claro para mim algo fundamental: a radical e fraterna comunidade formada por todas as tradições religiosas. Como respostas humanas ao amor universal de Deus, sem eleições nem privilégios da parte dele, todas devem buscar a máxima comunhão possível. Só partilhando aquilo que crêem ser o melhor, num diálogo repleto de respeito e sempre disposto a dar e receber, elas podem ir se aproximando da inesgotável riqueza do Mistério. Ele é o único centro verdadeiro que a todas descentraliza na justa medida em que o acolhem, e nesse mesmo movimento vai produzindo sua convergência possível, unindo sem impor e aproximando sem desrespeitar.

Assim entendido, o diálogo não requer o desvanecimento da própria identidade. Exige unicamente que ela seja mantida aberta, predisposta e receptiva: *semper reformanda*, sempre em clima de reforma. A experiência demonstra que todo avanço na comunhão mata só as identidades narcisistas, ao mesmo tempo em que enriquece a verdadeira identidade. Esta nunca está no passado morto, mas adiante, no futuro de Deus, que sempre é um chamado à conversão e uma promessa de uma maior plenitude. É a essa dialética que o título do livro quer obedecer quando fala de diálogo e de autocompreensão: diálogo das religiões, sem privilégios nem imposições aprioristas, partindo da autocompreensão cristã enquanto lugar real do qual se estende, fraternal e abertamente, a mão da oferta e da acolhida diante da esperança comum.

Essa é, pelo menos, a intenção.

*** 

*Nota sobre as referências bibliográficas*: A referência completa de cada obra será fornecida na primeira vez que esta aparece em cada capítulo; posteriormente se fará referência unicamente ao título.

ANDRÉS TORRES QUEIRUGA

# Apresentação

O problema do diálogo e do encontro entre as religiões do mundo transformou-se hoje num dos temas mais debatidos não só para a teologia mas também para a filosofia da religião e inclusive para a análise da cultura. Aqui, sem deixar de lançar de vez em quando um olhar para as demais perspectivas, a minha será acima de tudo teológica. E não pretendo esconder, vou logo dizendo — daí o tom do título —, que o faço situando-me no ponto de vista de um cristão que tenta compreender-se e compreender: compreender-se a si mesmo a partir das demais religiões e compreender as demais religiões a partir da vivência e da interpretação da religião à qual se pertence. Exercício difícil no lado teórico, devido à complexidade do problema, e delicado no que tange ao lado prático e vivencial, porque é sempre delicado o confronto de identidades, de modo especial quando esse confronto afeta algo tão radical e profundo quanto o âmbito religioso.

Renunciando, portanto, a grandes pretensões, meu intento dirigir-se-á ao esclarecimento teórico de alguns problemas que considero fundamentais;[1] e quanto ao aspecto vivencial, pelo menos na intenção, quer manter-se sempre dentro desse cordial equilíbrio que consiste em não ocultar a própria identidade ao mesmo tempo em que se cuida com todo respeito da identidade alheia. Que, de fato, alheia nunca é totalmente, pois se "nada do que é humano deve ser-nos alheio" muito menos deve sê-lo quando somos remetidos ao mesmo Mistério que a todos sustenta, chama e promove.

# I. O marco geral

## I.1. Uma mutação radical na autocompreensão cristã

Para começar, dois textos de alguma forma emblemáticos para entender a situação geral em que se encontra hoje a autocompreensão cristã quando se trata de abordar o diálogo das religiões:

> Crê firmemente, confessa e prega [o Concílio] que ninguém dos que estão fora da Igreja Católica, não só os pagãos mas também os judeus ou heréticos, bem como os cismáticos, podem vir a se tornar participantes da vida eterna; pelo contrário, irão ao fogo eterno, "que está preparado para o diabo e seus anjos", a menos que antes do fim de sua vida forem agregados a esta [à Igreja].[2]

> A Igreja Católica nada rejeita do que há de verdadeiro e santo nestas religiões [não-cristãs]. Considera com sincera atenção aqueles modos de agir e viver, aqueles preceitos e doutrinas. Se bem que em muitos pontos estejam em desacordo com os que ela mesma tem e anuncia, não raro, contudo, refletem lampejos daquela Verdade que ilumina a todos os homens [...]. Exorta por isso seus filhos a que, com prudência e amor, através do diálogo e da colaboração com os seguidores de outras religiões, testemunhando sempre a fé e a vida cristãs, reconheçam, mantenham e desenvolvam os bens espirituais e morais, como também os valores socioculturais que entre eles se encontram.[3]

Ambos os textos, embora *a priori* possa parecer impossível, provêm da mesma autoridade religiosa. O primeiro pertence ao Concílio de Florença, e é de 1442; o segundo, ao Vaticano II, e é de 1965. Cronologicamente, entre eles há pouco mais de quinhentos anos. Ideologicamente, no entanto, parecem milênios. E é preciso reconhecer que hoje, passados apenas quarenta anos, inclusive este último se nos apresenta estranhamente tímido e restritivo.

Evidentemente, encontramo-nos diante de um problema profundo, de encadeamentos delicados e de implicações transcendentais. A presença de fundamentalismos, a instrumentalização dos credos religiosos para fins horrivelmente bélicos e — num nível mais íntimo, mas nem por isso menos importante — a inquietude espiritual que para muitos supõe a presença em paralelo, e muitas vezes hostil, das religiões num mundo como o atual, que as coloca de modo irremediável em contato crescente, não permitem fechar os olhos diante do mesmo.

*Pensar isso* de verdade torna-se urgente. Aqui vamos tentar fazê-lo com clareza e honestidade (pelo menos vamos tentar). O que implica o reconhecimento da localização primariamente teológica da reflexão, mesmo servindo-se de um discurso que busca também abrir-se ao diálogo com a filosofia.[4] Certamente não poderá elaborar diante da filosofia todos os seus pressupostos, mas pelo menos supõe, em princípio, o acesso a estes, não fugindo da discussão acerca da coerência crítica dos seus raciocínios. Daí, da mesma forma, uma inevitável preocupação de radicalidade.

Por isso, embora gostássemos de fazê-lo, talvez não possamos poupar o leitor de um esforço de compreensão; e em algum ponto deveremos pedir-lhe também a disponibilidade para romper esquemas e preconceitos. Por conseqüência, com certeza a alguns a proposta poderá parecer ousada, enquanto outros a julgarão tímida demais. Em todo caso, ei-la como mão estendida ao diálogo, convite ao debate e estímulo para uma práxis renovada. Se algo disso se conseguir, não será pouco.

## 1.2. Um novo pressuposto: a revelação como "maiêutica"

Os textos citados no começo aludem a uma clara tensão cronológica. Durante séculos, a teologia cristã pôde passar à margem das religiões não cristãs sem perceber a monstruosidade que significava excluir seus fiéis de toda revelação e salvação divinas. E não é que de alguma forma não se percebesse essa tensão. A convicção, praticamente nunca interrompida ao longo da tradição eclesial, de uma vontade salvífica universal por parte de Deus e as especulações em torno do "batismo de desejo" o demonstram com clareza. Mas o afrontamento expresso e sistemático dessa tensão só em nosso tempo tornou-se inevitável. John Hick, um dos autores que com mais persistência, profundidade e sensibilidade se ocuparam desse problema, observou muito apropriadamente que, estritamente falando, o mesmo "só emergiu entre pessoas ainda vivas".[5]

E a verdade é que isso ocorreu com intensidade e vivacidade; no começo, sobretudo no mundo anglo-saxão. Mas não demorou para se alastrar, pois na realidade o que acontece nesse âmbito nada mais é do que a ponta de um fenômeno de profunda transcendência e alcance universal: o encontro efetivo das religiões num mundo que se unifica aceleradamente. Não se pode ignorar nem desconhecer sua importância para a construção da humanidade. Na Europa, e de um modo especial na Espanha, com suas entranhas históricas tão trabalhadas pela excepcionalmente longa, às vezes conflitiva, mas sempre fecunda convivência das três "religiões do livro", a questão não pode deixar-nos indiferentes, e talvez tenhamos nossa palavra peculiar a dizer.

De qualquer forma, essa dialética entre a perenidade do problema e a novidade da sua (re)proposição não é algo secundário: marca de modo decisivo a questão e pode inclusive dificultá-la seriamente. A reflexão está equipada com os conceitos de sempre, mas num contexto de dados inédito.

Isso deve, antes de mais nada, prevenir-nos contra uma proposta isolada e abstrata que se entregue ao jogo dos problemas lógicos do diálogo, sem fazê-la nascer do seu contexto vivo. De fato, nem sempre se pode evitar essa suspeita diante de boa parte das discussões atuais, como se em alguns casos se tratasse de uma mera *quaestio* escolástica ou de um jogo de lógica combinatória. O tratamento que aqui procuramos dar apóia-se num confronto prévio com o significado vital da religião e com a compreensão global da revelação, tal como tentei expor em *A revelação de Deus na realização humana*.[6] (Será importante que o leitor leve isso em conta, pois nem sempre vai ser possível aclarar suficientemente os pressupostos.)

Ao mesmo tempo exige a renovação dos moldes conceituais, de modo que eles possam fazer frente à situação atual. Uma concepção da revelação que tente manter uma leitura fundamentalista da Bíblia, juntamente com as velhas posturas intelectuais e pré-críticas, e que não olhe de frente para os novos dados da situação cultural e religiosa humana, está incapacitada já em sua raiz para uma compreensão do problema no âmbito teórico e para uma atitude digna e respeitosa na prática.

De fato, o leitor com certeza acabará se dando conta de que considerarei pressupostas e garantidas questões que em outras abordagens não o são. Duas, sobretudo:

1) O caráter realista e verdadeiramente humano da *revelação divina*. O discurso não se apóia, por conseguinte, sobre o pressuposto segundo o qual a revelação — e conseqüentemente a religião — é algo que se aceita somente porque "alguém nos diz

que Deus disse...", sem nenhum controle de nossa parte, e por isso mesmo sem uma verdadeira ligação com a nossa existência; no fim das contas, seria como dizer que nos foi revelado *a*, *b* e *c* da mesma forma que poderia ter-nos sido revelado *d*, *e* e *f*, ou até mesmo o contrário (como já dissera Kant: O que mudaria para muitos se, na Trindade, em vez de três pessoas se revelassem dez?).[7]

Aqui nosso ponto de partida é aquilo que eu denominei de *estrutura maiêutica* da revelação. O que chamamos de "revelação" é uma resposta real e concreta a perguntas humanas, que, por isso mesmo, são sempre as nossas mesmas perguntas. Desse modo, nós *descobrimos* a revelação porque alguém no-la anuncia; mas a *aceitamos* porque, despertados pelo anúncio, "vemos" por nós mesmos que essa é a resposta certa.

Como Sócrates, o profeta ou fundador de uma religião não "coloca" em seus ouvintes algo externo ou que lhes seja alheio, mas os ajuda a dar-se conta, a "dar à luz" — "maiêutica" é a arte da parteira — aquilo que eles ou elas já são em sua realidade mais íntima, a partir da presença viva e atuante de Deus na criação e na história (neste último elemento é que reside a diferença em relação à maiêutica grega). Franz Rosenzweig expressou-o magnificamente: "A Bíblia e o coração dizem a mesma coisa. Por isso (e *só* por isso) a Bíblia é 'revelação'".[8] E muito antes o mesmo havia sido proclamado pelo Quarto Evangelho: como os samaritanos à sua conterrânea, todo crente deve acabar dizendo aos anunciadores: "Já não é por causa daquilo que contaste que cremos, pois nós mesmos ouvimos e sabemos que este é verdadeiramente o Salvador do mundo (Jo 4,42)".[9]

Torna-se significativo que quando Rudolf Otto, distante da teologia então em voga, tenta elaborar aquela que de algum modo é a primeira fenomenologia da religião, expressa a mesma coisa com palavras vivas e enérgicas. Ele fala do "numinoso", mas suas observações tornam-se perfeitamente aplicáveis à revelação, pois, no fim das contas, na captação do numinoso está a raiz fundante de todo o processo revelador:

> Todavia, como se trata de algo inteiramente *sui generis*, a revelação não pode ser definida em sentido estrito, como ocorre com todo elemento simples, com todo dado primário; só se pode elucidá-la. A única coisa que se pode fazer é facilitar sua compreensão desta maneira: tentando guiar o ouvinte, por meio de sucessivas delimitações, até o ponto do seu próprio ânimo, onde esta precisa despontar, surgir e tornar-se-lhe consciente. Esse procedimento é facilitado assinalando-se as analogias e os contrastes mais característicos do numinoso em outras esferas do sentimento mais conhecidas e familiares, e acrescentando: "Nossa incógnita não é exatamente isso, mas é algo afim a isso e oposta àquilo. Ela não está surgindo para ti agora, por si *mesma*?". O que se quer dizer, em síntese, é que nossa incógnita não pode ser ensinada no sentido mais estrito da palavra; pode-

se unicamente ser suscitada, sugerida, despertada, como acontece, na realidade, com tudo aquilo que procede do espírito.[10]

2) Intimamente unida à primeira está a segunda questão. Se a revelação consiste em dar-se conta de que Deus já estava aí, é porque, a partir de seu amor ativo, ele estava fazendo todo o possível para se manifestar. E para se manifestar a todos e a todas, na máxima medida. O limite não é fruto da "mesquinhez" divina que, podendo revelar-se mais ou melhor, não quer fazê-lo. É fruto da inevitável limitação humana, infinitamente desproporcional ao mistério que, com generosidade irrestrita, procura dar-se e manifestar-se por todos os meios. Por isso, se olharmos bem, a Bíblia pode ser lida como a narração da "luta amorosa" de Deus contra as incapacidades e resistências da recepção humana de sua revelação.

Essas idéias inicialmente poderiam parecer um tanto estranhas. Partindo-se da tradição do Deus bíblico, no entanto, deveriam ser óbvias: Deus não cria por amor a si mesmo ou para que o "sirvam", mas por amor ao ser humano, a todo homem e a toda mulher, com o objetivo de oferecer-lhes, *como dom*, a participação em sua plenitude e felicidade. A única coisa que não pode nem quer é romper os limites de sua finitude; é preciso respeitar o crescimento da liberdade e o trabalho da história, sem os quais a existência humana não pode ser, nem realizar-se.[11]

# 2. A nova situação

## 2.1. A ampliação do mundo

A primeira coisa que salta aos olhos é que hoje nos deparamos com uma ampliação incrível do mundo religioso. *Ampliação temporal*, em primeiro lugar. Até inícios do século XIX — e para a maioria, inclusive teólogos, até boa parte do século XX — a idade estimada da humanidade era de uns seis mil anos. Aquele era um mundo perfeitamente abrangível, dominado pela presença bíblica, tendo apenas algumas margens alheias à sua irradiação:

> Aqui tudo fica fácil. Desde a criação do mundo até o advento de Jesus Cristo transcorreram quatro mil e quatro anos, ou quatro mil, caso se queira ser crítico a qualquer custo. No ano 129 a terra começou a encher-se, e os crimes a aumentar; no ano 1656 aconteceu o Dilúvio; em 1757, os homens tentaram construir a Torre de Babel. A vocação de Abraão foi decidida em 2083. A lei escrita foi dada a Moisés quatrocentos e trinta anos depois do Dilúvio e no mesmo ano em que o povo hebreu saiu do Egito. Graças a esses pontos de referência firmemente estabelecidos, Bossuet, ao compor seu nobre *Discurso sobre a História universal*, vê ordenarem-se uma série de épocas que se recortam por si mesmas no tempo; sob harmoniosos e majestosos pórticos estende-se a via triunfal que conduz ao Messias.[12]

Hoje a paleontologia fala de no mínimo, atirando por baixo, um milhão de anos para a vida da humanidade no planeta. Pense-se no que significa, numa escala desse tipo, o brevíssimo lapso da revelação bíblica e logo se chegará à conseqüência: a imensa maioria dos humanos nada teve a ver com ela.

A ampliação temporal, todavia, não é mais espetacular do que a *espacial*. São Paulo, quando falava de ir à Espanha (cf. Rm 15,24.28), ainda podia alimentar a ilusão de chegar aos últimos confins da Terra, sem dúvida com a esperança de que o Evangelho chegasse a todos os seres humanos.[13] Para nós, a partir da época dos descobrimentos, a *ecumene* (terra habitada) clássica aparece como uma pequena mancha na imensidão dos continentes habitados. A isso acrescente-se a explosão demográfica da humanidade. O que significa, então, a revelação bíblica? Qual pode ser a sua relação com as demais religiões da humanidade?

Se a revelação for tomada em seu sentido pleno e real, como a outra face ou o outro nome da salvação, as conseqüências são de uma importância transcendental. Pensemos simplesmente no famoso, e terrível, princípio *extra ecclesiam nulla salus* ("fora da Igreja não há salvação").[14] É evidente que não devemos cair num anistoricismo que nos torne demasiadamente injustos com a mentalidade daqueles homens que elaboraram sua teologia num marco muito estreito e limitado. Mas não é menos verdade que hoje seria literalmente monstruoso continuar considerando-o válido, ou simplesmente ficar fazendo equilíbrios hermenêuticos para preservá-lo.

Apesar de sua longa e solene tradição, a teologia católica esforçou-se por abandoná-lo de mil formas. E, já deixando de lado o "exclusivismo querigmático"[15] ou a "sublime *bigotry*"[16] de Karl Barth — mais sutil, embora da mesma forma inaceitável, só atitudes muito fundamentalistas podem ainda continuar sustentando algo semelhante. Ninguém consegue ler sem assombros declarações como a que — ainda em 1960! — foi feita pelo Congress on World Mission, celebrado em Chicago:

> Nos anos transcorridos da guerra em diante, mais de um bilhão de almas passaram para a eternidade, e mais da metade delas foram para o tormento do fogo infernal, sem nem sequer ter ouvido falar de Jesus Cristo, quem foi e por que morreu na cruz do Calvário.[17]

De qualquer modo, o assombro não basta. Cai muito bem a compreensão histórica: eram outros tempos e outros horizontes, e não devemos julgar com a soberba de um estreito "atualcentrismo". Todavia isso não deve impedir-nos de ir além. É preciso chegar, com clara e unívoca energia, às conseqüências, remodelando o próprio conceito de revelação (o *nosso* conceito, não a sua realidade, que humildemente precisamos procurar compreender). E, de fato, esse é o primeiro e principal motivo que levou a imensa maioria dos teólogos a abandonar a concepção *exclusivista* da revelação.

## 2.2. O contato real entre as religiões

Um segundo motivo foi — e assim indicamos outro dos grandes fatores de mudança — *o melhor conhecimento das demais religiões*. Quando se examinam de perto as riquezas do budismo ou da tradição hinduísta, quando se admira a grandeza de Zaratustra e ainda, em muitos aspectos, a de Maomé, já não se pode continuar crendo, sem lesar o sentido comum, que fora da Bíblia tudo são trevas ou que as outras práticas religiosas têm sua origem no demônio. Deixando para mais adiante a discussão das implicações sistemáticas, é preciso dar globalmente razão a John Hick quando ele afirma que as religiões, todas e cada uma delas, são totalidades complexas de respostas ao divino, com suas diferentes formas de experiência religiosa, seus próprios mitos e símbolos, seus sistemas teológicos, suas liturgias e sua arte, suas éticas e estilos de vida, suas escrituras e tradições — elementos todos que interagem entre si e se reforçam mutuamente. E essas totalidades distintas constituem distintas respostas humanas, no contexto das diferentes culturas ou formas de vida humana, à mesma realidade divina, infinita e transcendente.[18]

Fechar os olhos diante dessa semelhança fenomenológica ou negar-se a reconhecer sua eficácia real na vida das pessoas significaria ter "um coração como o de Jonas e entender pouco de história das religiões".[19] O que, por sua vez, deve constituir-se num convite a estudá-las com cuidado, procurando inclusive interpretá-las à luz da autocompreensão de cada um, segundo o sábio princípio de interpretar o outro de modo que este possa reconhecer-se na interpretação que dele fazemos. Não só o respeito mas também a própria justiça exigem isso, pois, como muito acertadamente observa P. Schmidt-Leukel, "também a teologia das religiões está sob o mandamento de não pronunciar nenhum falso testemunho contra o próximo".[20]

# 3. Os novos enfoques a partir da teologia

## 3.1. As três alternativas formais

À luz dessas tão profundas mudanças, compreende-se que a teologia busque hoje novos enfoques do problema e tente novas saídas para as aporias às quais conduz inevitavelmente a manutenção atual das posturas tradicionais. No mundo anglo-saxão, onde, como dissemos, essa discussão se encontra mais viva, impôs-se uma divisão tripartite das posturas: exclusivismo, inclusivismo e pluralismo. Embora seja necessário aprofundá-las, como veremos, e de fato elas o foram a partir de diversas perspectivas, essa visão geral pode servir para uma primeira aproximação, evitando entrar nos labirintos daquilo que alguém denominou "a inflação das tipologias".[21]

Ao *exclusivismo* já fizemos alusão: é a postura que só admite revelação real e verdadeira — e, por conseguinte, salvação — na própria Igreja ou religião (para nossa discussão, no cristianismo). Em sua forma rígida, hoje praticamente ninguém a defende, a não ser aqueles teólogos que mantêm a excessiva dicotomia de Karl Barth entre "fé" e "religião", com uma certa tendência a um (neo)fundamentalismo bíblico.[22] Na prática, para a maioria representa muito mais uma "contra-figura" que ajuda a fixar as demais posturas. De qualquer modo pode apresentar-se em formas mais abertas, como a "ortodoxia radical" de John Milbank[23] ou a "pós-liberal" de George Lindbeck,[24] que não excluem todo diálogo e que em alguns aspectos tendem para a segunda postura.

O *inclusivismo* não exclui nem verdade nem salvação nas demais religiões, mas de tal modo mantém a centralidade — caráter definitivo e caráter absoluto — da própria religião que esta "incluiria" a verdade das demais. Em seu surgimento, representou um grande e incalculável progresso, e ninguém pode negar sua boa e generosa intenção. A teologia conciliar e seus avanços posteriores devem muito aos trabalhos desse direcionamento de Jean Daniélou, Hans Urs von Balthasar e Henri de Lubac, que falam de uma "teologia do cumprimento" de todas as religiões em Cristo, embora hoje se demonstrem insuficientes.[25] Com uma visão mais aberta, é bem conhecida — e de enorme influência — a postura de Karl Rahner, com seu "cristianismo anônimo".[26] Aqui também os limites não são fixos, com algumas posturas que tendem mais para a primeira e outras para a terceira.

A acusação de incapacitar tanto ao diálogo — já possuiriam toda a verdade — quanto a uma autêntica compreensão das outras religiões — estas seriam interpretadas em função da própria religião — constitui sua grande dificuldade, que toca um ponto muito sensível no atual clima de diálogo e tolerância; dificuldade que, por isso mesmo, a muitos parece insuperável. À parte um claro perigo de eurocentrismo,[27] pode-se falar inclusive de falta de *realismo histórico*: as considerações de alto nível teológico, num segundo ou terceiro grau de abstração, não podem ocultar o fato elementar de que na história humana a maioria das religiões nasceram e cresceram sem contato algum com o cristianismo.

Disso nasceu a terceira postura, o *pluralismo*, representado sobretudo pelo já citado John Hick, mas com uma ampla lista de seguidores, como Paul Knitter[28] na América do Norte e Stanley Samartha[29] na Índia. Para ele todas as religiões são, no fim das contas, iguais: manifestações equivalentes em seu valor salvífico e em sua verdade, pois a diversidade nasce unicamente dos diferentes contextos culturais em que é tematizada e concretizada a experiência do divino. Ele recolhe, como se pode ver, a tradição do liberalismo, mas sem reservas diante do valor "sobrenatural" do religioso. Exerce hoje uma indubitável atração, quase chegando às raias da fascinação, talvez em parte devido ao fato de se tratar de uma reação generosa diante do fechamento histórico do exclusivismo, muitas vezes com conseqüências nefastas.[30] Está relacionado, além do mais, com a queda do — chamemo-lo assim — "ocidentalismo", bem como com toda uma nova constelação cultural que tem como valores centrais a democracia, a tolerância e o consenso.[31]

Seu grande problema reside na questão da *verdade*,[32] pois muito dificilmente pode evitar o perigo de um relativismo que não beneficiaria a ninguém. E se antes falávamos de falta de realismo histórico, agora é preciso dizer o mesmo em relação ao realismo antropológico: nas realizações e nas conquistas humanas, embora em princípio todos mereçam respeito, o grau alcançado nunca é o mesmo ou, no máximo, o é raríssimas vezes e em casos ou aspectos muito concretos.

## 3.2. Rumo a um novo enfoque

A concepção que aqui tentamos expor, embora não se sinta confortável em nenhuma das posturas acima enunciadas, move-se numa órbita que não nega uma certa afinidade com a segunda posição; todavia, com os importantes esclarecimentos que procurarei fazer, inclinando-se mais pela terceira. Não o faz por um afã formalista de mediação abstrata, mas porque neste ambiente ou "ar de família" parece possível responder bem, ou pelo menos não tão mal, às preocupações legítimas de respeito e de abertura aos demais, sem por isso ceder à vertigem do relativismo, nem perder o contato com o realismo histórico e antropológico. De qualquer modo, insisto em que essa anotação quer ser unicamente uma *delimitação formal* com o objetivo de orientar a reflexão. Convertê-la em determinante do processo reflexivo acabaria se tornando, a meu ver, perturbador, seja porque inclina-se para um tratamento formalista do problema, seja porque tende a situá-lo em categorias de concorrência e predomínio que não fazem justiça à gratuidade da experiência reveladora.

Por isso tentaremos fazer com que o problema do diálogo surja *de dentro do processo vivo* de uma reflexão que, ao buscar-se a si mesma para entender a própria religião, encontra-se com outros processos que a obrigam a retornar sobre a sua própria postura, reconsiderando-a nessa nova luz. De resto, é assim que acontece o encontro efetivo entre as religiões na história real (e, se me permitem uma observação pessoal, eu diria que essa tem sido minha experiência no livro sobre a Revelação ao qual me referi no início).

Há ainda um outro aspecto importante. Quando se considera a fundo o problema, compreende-se que ele nem sequer nasce de modo exclusivo do encontro com as outras religiões. Antes — pelo menos com anterioridade estrutural — de ser um questionamento externo, já é uma aguda *pergunta interna para cada religião*, sobretudo para cada uma das religiões universais. No caso do cristianismo isso ocorre de modo muito evidente: o Deus que aqui a nós se revela jamais aparece como possessão própria nem salvação exclusiva, mas como aquele que mantém sempre viva a gratuidade de sua transcendência e sua intrínseca destinação a toda a humanidade.

Obviamente, a ânsia possessiva humana tende a monopolizá-lo, transformando aquilo que é relação viva, concreta e personalizada em "eleição" excludente. Algo que já no Primeiro Testamento tende a ser questionado pela crítica dos profetas. No Novo representou uma dura luta — que esteve a ponto de dividir a primeira comunidade — para fazer com que o cristianismo inicial chegasse a compreender a implicação universalista da mensagem evangélica. E não é preciso evocar mais uma vez a vigorosa história de intolerância posterior, que desembocou no *extra ecclesiam nulla salus*, com conseqüências, infelizmente, não só teóricas.

Por sorte a experiência cristã, que de imediato anunciou a *centralidade* de Cristo a ponto de afirmar que "em nenhum outro há salvação" (At 4,12), não podia deixar de proclamar da mesma forma a *universalidade* da salvação, que brota da essência mais íntima de seu Deus, que "é amor" (1Jo 4,8.16), *Abbá* sem discriminação, que ama inclusive os "maus" e "injustos" (Mt 5,45; Lc 6,35) e que, por isso mesmo, "quer que todos sejam salvos" (1Tm 2,4).

## 3.3. Diálogo situado e sem privilégios

Trata-se, como se pode ver, de uma tensão interna à própria fé, que a interroga em si mesma, desapropriando-a de todo egocentrismo e obrigando-a a aprofundar sua autocompreensão. O encontro com as religiões se insere nessa dinâmica interna, demarcado por um *regime de dom e gratuidade*, no interior do qual a concorrência e a tentativa de domínio ficam desmascaradas como soberba e pecado. O absoluto corresponde só a Deus. Ao homem cabe unicamente a tarefa interminável de ir assimilando sua presença, tanto na glória e na humildade do serviço, oferecendo aos demais aquilo que ele descobriu, quanto na dura e feliz aprendizagem por meio daquilo que os outros lhe oferecem e que ele reconhece como pertencente também ao seu mesmo Deus, que é o de todos.

Daí que o diálogo com as outras religiões não conseguirá fugir das exigências da nova sensibilidade, tão lenta e dificilmente adquirida na história; pelo contrário, as tomará como pedra de toque de sua autenticidade. Num momento posterior, porém, deverá afrontá-las a partir da resolução interna de suas próprias tensões; ou, se quisermos formulá-lo melhor, depois de se deixar instruir pelas implicações da própria experiência reveladora, muito maior do que nossas expectativas e muito mais generosa do que nosso afã de domínio. Desse modo, creio, será possível fazer justiça às legítimas preocupações da postura pluralista, sem por isso cair no relativismo.

Nesse sentido pode-se compreender bem o fato de a reflexão se centrar fundamentalmente na *autocompreensão* cristã. Isso, longe de representar uma soberba egocêntrica, como bem havia visto Newman em outro contexto, é a "verdadeira modéstia" de quem não quer se impor sobre os outros nessas "províncias" tão profunda e delicadamente humanas.[33] De resto, a hermenêutica atual sabe muito bem que a *situação* de cada um é o lugar indispensável de todo verdadeiro diálogo. Isso torna inevitável levar em conta os próprios pré-juízos e pressupostos; a única coisa que se pede é ter consciência dos mesmos, para mantê-los abertos ao confronto e ao diálogo.

Fazer isso hoje exige uma atenção muito especial a *uma questão fundamental*: a da *particularidade* histórica do cristianismo, que, ao ser concretizado, transforma-se na pretensão de *definitividade* para a revelação acontecida em Cristo. Por essa razão, antes de abordar as questões concretas convém começar por uma explanação global que permita ver as linhas fundamentais do problema a partir dessa autocompreensão cristã. Isso é muito importante, pois permite entrever os pressupostos de fundo que, nem sempre esclarecidos, guiam a argumentação, de sorte que não só condicionam todo o discurso mas também questionam a própria possibilidade do diálogo.

## Notas

[1]  Existem hoje importantes trabalhos que permitem uma visão mais detalhada das diferentes posturas e teorias: R. BERNHARDT, *La pretensión de absolutez del cristianismo. Desde la Ilustración hasta la teología pluralista de la religión.* Bilbao, 2000; J. DUPUIS, *Rumo a uma teologia cristã do pluralismo religioso.* São Paulo, Paulinas, 1999; P. KNITTER, *No Other Name? A Critical Survey of Christian Attitudes Toward the World Religions.* Maryknoll, 1985 (vou servir-me da ed. italiana: *Nessun altro nome?* Brescia, 1991); J. C. BASSET, *El diálogo interreligioso.* Bilbao, 1999; M. AEBISCHER-CRETTOL, *Vers un oecuménisme interreligieux. Jalons pour une théologie chrétienne du pluralisme religieux.* Paris, 2001. Uma apresentação documentada e com grande preocupação pedagógica pode ser encontrada em J. M. VIGIL, *Curso de teología popular sobre el pluralismo*

*religioso.* Quito, 2005 (no prelo; acessível em http://latinoamericana.org/ tiempoaxial). Para um enquadramento global, cf. R. Gibellini, *La teológia del XX secolo.* Brescia, 1992, cap. 16 (ed. brasileira: *A teologia do século XX.* São Paulo, Loyola, 1998).

2   DS 1351; cf. também a bula *Unam Sanctam,* 1302: DS 870.

3   Declaração *"Nostra Aetate". Sobre as relações da Igreja com as religiões não-cristãs,* n. 2.

4   Cf. a discussão, epistemologicamente bem aprofundada, de A. Kreiner, Philosophische Probleme der pluralistischen Religionsphilosophie, in R. Schwager (ed.), *Der Streit um die pluralistische Religionstheologie.* Freiburg/Basel/Wien, 1966, pp. 118-131.

5   "Has only emerged during the lifetime of people now living" (J. Hick, *God Has Many Names.* 2. ed., Philadelphia, 1982, p. 7).

6   Madrid, 1987 (que traduz, com alguns aperfeiçoamentos, a edição galega *A revelación de Deus na realización do home.* Vigo, 1985). O tema é tratado no cap. VII (há tradução brasileira: *A revelação de Deus na realização humana.* São Paulo, 1995; a obra foi traduzida também para o italíano e para o alemão). Doravante citarei: *La revelación.* Anteriormente eu já havia me ocupado desse tema em Cristianismo e relixións. ¿Favoritismo divino ou necesidade do amor? *Encrucillada* 19, 1980, pp. 417-443. Mais tarde o retomei em El encuentro actual de las religiones. *Biblia y Fe* 16/48, 1990, pp. 125-165, e no cap. 6 de *Do Terror de Isaac ao Abbá de Jesus. Por uma nova imagem de Deus.* São Paulo, Paulinas, 2001. Levarei muito em conta esses dois últimos trabalhos.

7   *Der Streit der Fakultäten* A 50 (ed. W. Weischedel). Frankfurt a.M., 1968, v. XI, pp. 303-304.

8   Brief an Benno Jacob, 25-5-1921, in F. Rosenzweig, *Der Mensch und sein Werk.* Den Haag, 1984, t. II, p. 709.

9   Sobre essas idéias, que aqui não podem ser desenvolvidas mais amplamente, cf. *La revelación,* cap. IV, pp. 117-160.

10   *Lo santo. Lo racional y lo irracional en la idea de Dios.* 2. ed., Madrid, 1965, p. 18. A seguir, no início do cap. III, p. 19, ainda acrescenta: "Quem não

conseguir representar isso para si mesmo ou não experimentar momentos assim, deve renunciar à leitura deste livro".

[11] Algo mais a esse respeito será dito adiante, a propósito da "eleição". Mas também nesse caso é preciso remeter ao *La revelación*, cap. V, pp. 161-242, para uma maior fundamentação.

[12] P. HAZARD, *La crisis de la conciencia europea (1680-1715)*. Madrid, 1988, p. 45. A. LOISY (*Choses passées*. Paris, 1913, pp. 216-219) faz notar a importância disso para a história de Israel e para a compreensão da revelação no tempo. Vejam-se também as conclusões — de ironia exageradamente fácil — que disso extrai B. RUSSEL, *Religión y Ciencia*. 4. ed., México, 1973, pp. 38-39.

[13] Santo Agostinho ainda podia escrever: "Pelo que se diz, já são poucas e muito remotas as pessoas às quais [o Evangelho] ainda não foi pregado" (*De natura et Gratia*, II, 2: PL 44, 905; citado em J. M. VIGIL, *Curso de teología popular sobre pluralismo religioso* [acessível na Internet no site da *Koinonia*]).

[14] DS 870, 1351. Cf. uma exposição resumida em H. KÜNG, *La Iglesia*. Barcelona, 1969, pp. 373-380; J. RATZINGER, *Das neue Volk Gottes. Entwürfe zur Ekklesiologie*. Düsseldorf, 1969, pp. 339-361; W. KERN, *Ausserhalb der Kirche kein Heil?* Freiburg, 1979; P. KNITTER, *No Other Name? A critical Survey of Christian Attitudes toward the World Religions*. London, 1985, pp. 121-123; J. DUPUIS, *Rumo a uma teologia cristã do pluralismo religioso*. São Paulo, Paulinas, 1999, pp. 123-155; F. A. SULLIVAN, *¿Hay salvación fuera de la Iglesia?* Bilbao, 1999.

[15] U. MANN, *Das Christentum als absolute Religion*. Darmstadt, 1970, p. 8.

[16] J. HICK, *God Has Many Names*, p. 90.

[17] J. O. PERCY (ed.), *Facing the Unfinished Task: Messages Delivered at the Congress on World Mission*. Chicago, 1960, p. 9 (cit. por J. HICK, *God Has Many Names*, p. 30).

[18] *God Has Many Names*, pp. 53-54. Tudo isso é analisado pelo autor concretamente e com mais amplidão em sua última obra, *An Interpretation of Religion. Human Responses to the Transcendent*. London, 1989, principalmente nas partes I (pp. 21-72) e V (pp. 299-376).

[19] A. H. GUNNEWEG, Religion oder Offenbarung. Zum hermeneutischen Problem des Alten Testaments. *Zeitschrift für Theologie und Kirche* 74, 1977, p. 175.

[20] P. Schmidt-Leukel, Der Immanenzgedanke in der Theologie der Religionen. Zum Problem dialogischer Lernfähigkeit auf der Basis einer christologischen Ansatzes. *Münchener Theologischer Zeitschrift* 41, 1990, p. 2.

[21] G. Comeau, *Grâce à l'autre. Le pluralisme religieux, une chance pour la foi*. Paris, 2004, pp. 47-64; é o título do capítulo, que oferece uma boa panorâmica. Cf. também A. Race, *Christians and Religious Pluralism*. London, 1983; H. Coward, *Pluralism: Challenge to World Religions*. New York, 1985; G. D'Costa, *Theology and Religious Pluralism: The Challenge of Other Religions*. Oxford, 1986; J. Dupuis, *Gesù Cristo incontro alle religioni*. Assisi, 1989, pp. 139-149; F. Teixeira, *Teologia das religiões. Uma visão panorâmica*. São Paulo, Paulinas, 1995; M. Aebischer-Crettol, *Vers un oecuménisme interreligieux. Jalons pour une théologie chrétienne du pluralisme religieux*. Paris, 2001, pp. 301-316.

[22] Talvez o mais representativo seja H. Kraemer, apoiado na teologia de K. Barth: cf. *Why Christianity of All Religions*. London, 1962, que continua as obras anteriores.

[23] Cf., sobretudo, *Theology and Social Theory. Beyond Secular Reason*. Oxford, 1990.

[24] Cf. *The Nature of Doctrine. Religion and Theology in a Postliberal Age*. Philadelphia, 1984. Uma boa síntese desses posicionamentos pode ser vista em R. Schreiter, La teologia posmoderna e oltre in una Chiesa mondiale, in R. Gibellini (ed.), *Prospettive teologiche per il XXI secolo*. Brescia, 2003, pp. 373-388; e K. Blaser, Variété des théologies postmodernes et crise des "fondationalismes", in P. Gisel & P. Evrard (eds.), *La théologie en postmodernité*. Paris, 1996, pp. 190-211, principalmente 200-209.

[25] Cf. a exposição, pormenorizada e com a bibliografia pertinente, feita por J. Dupuis, *Rumo a uma teologia cristã do pluralismo religioso*, pp. 183-201.

[26] Cf. principalmente Das Christentum und die nichtchristlichen Religionen, in *Schriften zur Theologie*. Zürich, 1962, v. V, pp. 136-158; Die anonymen Christen, in Zürich, 1965, v. VI, pp. 545-554. A discussão suscitada tem sido quase impossível de ser abrangida; para uma primeira aproximação, cf. também J. Dupuis, op. cit., pp. 201-210.

[27] Nesse ponto insiste energicamente J. M. Vigil, no *Curso de teología popular sobre pluralismo religioso*, já citado: "É fácil perceber que as

implicações perversas que o exclusivismo produzia continuam sendo possíveis com o inclusivismo: a cultura ocidental cristã pode prosseguir sendo religiosamente legitimada como superior, e a superioridade do Ocidente branco e cristão facilmente será permitida e conduzirá inconscientemente a qualquer tipo de dominação, imperialismo ou neo-colonialismo". Em nota, ele se remete às críticas dos teólogos asiáticos: "Peritos em missiologia como Aloysius Pieris, Tissa Balasuriya e Ignace Puthiadam fizeram alusões ao imperialismo e ao criptocolonialismo ocultos por detrás da fachada do modelo inclusivista, que, segundo eles, proclama a beleza das outras religiões para depois incluí-las e consumi-las" (P. KNITTER, *Diálogo inter-religioso e ação missionária*. São Paulo, 1994, p. 9).

[28] *No Other Name? A Critical Survey of Christian Attitudes Toward the World Religions*. New York, 1985 (usarei a tradução italiana: *Nessun altro nome?* Brescia, 1991).

[29] *One Christ, Many Religions*. New York, 1991.

[30] Em nosso meio, R. PANIKKAR é o principal representante, com uma postura muito profunda e com uma abundante produção. Veja-se a síntese que ele mesmo faz em *Autoconciencia cristiana y religiones* (Fe cristiana y sociedad moderna, n. 26). Madrid, 1989, pp. 199-267; nesse mesmo texto (p. 264), pode-se encontrar uma resenha de suas obras principais; cf. em especial: *The Unknown Christ of Hinduism*. New York, 1981; *La Trinidad y la experiencia religiosa*. Barcelona, 1989; *L'incontro indispensabile. Dialogo delle Religioni*. Milano, 2001.
Cf. também, com uma radicalidade diferenciada, A. RACE, *Christians and Religious Pluralism*, já citado; P. F. KNITTER, *No Other Name?* também já citado; e sobretudo J. HICK, de quem, além das duas obras já citadas, podem ser vistas: *God and the Universe of Faiths: Essays in the Philosophy of Religion*. London, 1973; *The Second Christianity*. London, 1983; *Problems of Religious Pluralism*. London, 1985.
São também significativos os trabalhos em colaboração: L. SWIDLER (ed.)., *Toward a Universal Theology of Religion*. New York, 1987; J. HICK & P. F. KNITTER (eds.), *The Myth of Christian Uniqueness. Toward a Pluralistic Theology of Religions*, New York, 1987.

[31] À importância dessa constelação é particularmente sensível o tratamento dado por C. DUQUOC, *El único Cristo. La sinfonía diferida.* Santander, 2005.

[32] Tema profundamente estudado por A. KREINER, Überlegungen zu theologischen Wahrheitsproblematik und ihrer ökumenischen Relevanz. *Catholica* 41, 1987, pp. 108-124; e também por M. DE FRANÇA MIRANDA, *O cristianismo em face das religiões.* São Paulo, 1998, pp. 19-23.
Vejam-se também as críticas feitas por J. J. LIPNER, Does Kopernicus Help? in R. W. ROUSSEAU (ed.), *Inter-religious Dialogue.* Scranto, 1981, pp. 154-174; e G. D'COSTA, *Theology and Religious Pluralism,* cit. por J. DUPUIS, *Gesù Cristo incontro alle religioni,* pp. 144-149, oferece um bom resumo.

[33] "[...] in these provinces of inquiry egotism is true modesty. In religious inquiry each of us can speak only for himself, and for himself he has a right to speak. His own experiences are enough for himself, but he cannot speak for others: he cannot lay down the law; he can only bring his own experiences to the common stock of psychological facts" (*An Essay in Aid of a Grammar of Assent.* New York, 1955, p. 300).

capítulo 1

# A "particularidade" como necessidade histórica

Harvey Cox insistiu em que "o mais espinhoso (*nettlesome*) dilema que obstaculiza o diálogo inter-religioso é o dilema muito antigo do equilíbrio entre o universal e o particular".[1] Dilema árduo, com efeito, que nem sempre é analisado em sua verdadeira profundidade e que, como veremos, se não for afrontado em sua raiz, pode minar na base a inteligibilidade mesma da questão na cultura crítica atual.

# I. A radicalidade atual do problema

É significativo o fato, de resto bastante recorrente em toda mudança histórica, de que a situação atual apresenta um caráter polar: se por um lado faz surgir uma dificuldade, por outro oferece também uma nova possibilidade de solução.

## I.I. Não existe universalidade abstrata

Como foi dito, a sensibilidade atual é alérgica a toda particularidade que tenda a universalizar-se, pois teme muito lesar a igualdade, a liberdade e a tolerância. Isso poderia ser simbolizado na suspeita espontânea de *etnocentrismo* ingênuo diante de toda pretensão de universalizar o que é seu. No entanto, por outro lado, o agudo sentido histórico que a caracteriza a faz compreender que tudo está irremediavelmente *situado* no tempo e no espaço. Não é possível uma universalidade abstrata; só é possível a que circula lentamente pelos caminhos da história. Com efeito, a universalidade "racional" do Iluminismo — que quis realizar os ideais do universal humano sem a paciência dos condicionamentos concretos — foi paga com o *terror* da Revolução Francesa.[2]

Por isso a teologia atual compreendeu bem que a verdadeira universalidade só pode realizar-se "através da mediação histórico-particular".[3] Por mais paradoxal que possa parecer num mundo cada vez mais universalizado, a consciência histórica nos fez ver que *uma religião só poderá ser realmente universal se chegar a sê-lo partindo do interior de sua particularidade.*[4]

O problema não está, por conseguinte, no fato de que a revelação cristã se apresente delimitada por uma situação concreta, já que esta é, mais do que qualquer outra coisa, a condição de possibilidade de sua existência real; a questão radica-se em sua pretensão de universalidade, pois inicialmente tal pretensão poderia implicar a exclusão dos demais. As propostas usuais — que consideram pressuposto que a revelação *poderia ser*, pura e simplesmente, universal, contanto que Deus assim o quisesse — dificilmente podem evitar a impressão de uma arbitrariedade divina. No entanto, a partir daquilo que afirmamos, já é possível intuir que se trata unicamente de algo *inevitável* numa história finita; algo, no fim das contas, estruturalmente não distinto do fato de que alguns nasçam brancos e outros negros, uns na Europa e outros na Ásia ou América...

Mas isso, na realidade, não deixa de suscitar uma outra pergunta: O que acontece com aqueles aos quais *essa* mediação histórica efetivamente não chegar? Se a experiência da revelação diz a seu respeito que se trata daquilo que de mais alto e valioso pode acontecer ao ser humano, já que significa a comunicação definitiva do próprio Deus, não exigiria, a partir de sua própria essência, que sua presença fosse garantida a todos, apesar de tudo?

E também aqui — e assim entramos na segunda polaridade — a sensibilidade atual torna mais aguda a dificuldade.

## I.2. Não existe revelação isolada

A partir do Iluminismo, tanto a exegese crítica quanto um conhecimento mais profundo das outras religiões demonstraram que a revelação bíblica não constitui esse "caso à parte" que a teologia da época supunha ser, ou seja, uma palavra puramente divina, "ditada" por Deus ao "seu povo". A comparação da tradição bíblica com as outras tradições religiosas — primeiro com as de suas vizinhas no Oriente Médio e posteriormente com as do restante da humanidade — mostra que nem aquela é tão "divina" que não permita ver com evidência o esforço e também as falhas e feridas da reflexão humana, nem as demais são tão "humanas" que não permitam apreciar a presença viva e salvífica do Divino. Em outras palavras, hoje é um fato óbvio que a revelação bíblica não constitui uma realidade tão especial que a diferencie totalmente das demais religiões, nem que estas devam esperar por aquela revelação para experimentar a presença salvífica de Deus. Onde fica, então, a pretensão de universalidade?

É curioso, porém, que também nesse caso a própria dificuldade é quem abre o caminho para a solução. Se é verdade que tal constatação talvez tenha representado a maior crise na autocompreensão da revelação bíblica, a ponto de muitos pensarem em sua destruição,[5] também é verdade que ao mesmo tempo foram assim postas as bases de uma nova solução. É que agora se pode ver melhor que a universalidade bíblica não tem por que significar o exclusivismo de um Deus que, para cultivar um povo, abandona todos os outros povos. Trata-se, isso sim, do Deus que, enquanto cultiva um, continua igualmente cultivando os outros; ou seja, cada um segundo as possibilidades de sua própria circunstância.

E aquilo que poderia parecer cuidado "especial" não é, de forma alguma, um favoritismo excludente, mas o único modo possível de se realizar concretamente essa relação viva e real. Deus não age abstratamente, ou "como se"; ele está em relação sempre única com um "tu" (individual ou coletivo), ao qual conhece e chama pelo nome. Isso, no entanto, acontece sempre e com todos. Essa é a razão pela qual cada "tu" pode sentir-se — e, de fato, se sente — eleito: "Te chamei pelo teu nome" (Is 45,4). Todavia, precisamente porque todos são "eleitos", não há eleição em sentido exclusivo. (De fato, devido ao perigo de não compreender bem tudo isso e à abrangência semântica que tal universalização comporta, *hoje* o melhor a se fazer é *renunciar à categoria da eleição*. Tal renúncia pode parecer infidelidade à letra bíblica, mas na realidade supõe a máxima fidelidade ao seu espírito).

Ao mesmo tempo delineia-se com clareza uma conseqüência, que mais adiante deverá ser elaborada mais detalhadamente: se todos são chamados e o chamado se realiza na inevitável particularidade de cada um, a acolhida desse chamado é sempre parcial e limitada. De sorte que toda acolhida, por parte de um indivíduo ou de uma religião particular, está intrinsecamente aberta para ser completada pela contribuição das demais religiões, bem como para oferecer-lhes sua própria contribuição. A particularidade se revela, então, como um meio a mais do amor incondicional a todos. Tal é o que procuraremos mostrar como o sentido profundo da "eleição".

## I.3. Está em jogo o próprio sentido da revelação

Essa panorâmica do problema poderá parecer demasiadamente ampla; além disso, antecipando o sentido da solução encontrada, pode ser que acabe produzindo indubitavelmente tediosas repetições. Todavia, pareceu-me necessária em vista da decisiva importância daquilo que está em jogo. Nessas questões está se tratando nada menos do que da *coerência* mesma da reflexão. Com efeito, estamos referindo-nos aos pressupostos que normalmente não são afrontados de modo expresso e que, por isso mesmo, tendem a condicionar fatalmente todo o processo. A razão está em que eles afetam a questão do *sentido*, a qual, como muito bem viu a filosofia analítica, é anterior à da *verdade*.

Porque efetivamente, tanto do ponto de vista *antropológico* — pois estamos tratando do que há de mais radical, ou seja, da salvação do ser humano — quanto do ponto de vista *teológico* — estão em jogo, de fato, a bondade e a sabedoria de Deus —, essas questões tornam-se decisivas. Se, como geralmente se considera pressuposto, Deus "poderia" ter tornado tudo mais fácil revelando-se de modo direto e evidente a todos os homens e mulheres, mas "não quis" fazê-lo, dificilmente valeria a pena continuar discutindo. Nesse caso, não importa o que vier a ser dito, a particularidade acabaria se tornando um privilégio arbitrário, e a história da revelação, com seus enormes custos, dificuldades e contradições, já não poderia tornar-se crível.

E o mesmo vale em relação ao outro aspecto: se a plenitude da revelação bíblica houvesse sido comprada ao preço do abandono do restante da humanidade, sua posterior oferta estaria, já em sua raiz, radicalmente viciada e se tornaria inaceitável. Todas as explicações possíveis, todas as razões de "conveniência", chegariam tarde demais, pois se chocariam com a suspeita elementar de um prévio e inaceitável desinteresse de fundo. Pois onde está em jogo o último — a salvação do homem e o amor de Deus — não podem existir razões penúltimas que expliquem a falta de um compromisso sem reservas.

Insisto nesse aspecto porque até mesmo nas posturas mais avançadas ainda permanecem restos de um voluntarismo divino que converte a particularidade em algo *querido* por Deus, considerando natural que ele poderia não tê-la querido e que, por isso mesmo, a revelação poderia ter sido, desde o começo, *clara, plena e para todos*. Pode-se "justificá-la" — tende para essa posição, de algum modo, a teologia evangélica — a partir de uma interpretação talvez demasiadamente atual de que a fé é obra de Deus: "A *tolerância* que deve ser promovida a partir da fé cristã baseia-se na idéia de que só Deus pode criar a fé e que, por isso mesmo, a fé do outro (tanto quanto a própria) é subtraída ao influxo da ação humana".[6] Ou simplesmente para insistir na riqueza e sobretudo na indisponibilidade da revelação.[7] Com certeza a intenção é boa, mas esse modo de falar ou de raciocinar leva inevitavelmente ao perigo acenado.

(No fundo, trata-se da outra face do *problema do mal*: se era possível evitá-lo, e Deus "não quis", o dilema de Epicuro tornar-se-ia invencível. Em vários trabalhos procurei mostrar que uma compreensão coerente não pode passar pela negação nem da onipotência nem da bondade divinas. Só o caráter intrinsecamente inevitável do mal — no caso, a particularidade — na finitude histórica, e não qualquer tipo de finalidade — mesmo tendo podido evitá-lo Deus manda o mal ou o consente *para*... —, permite uma saída crítica.)[8]

Pode-se compreender facilmente que isso não é uma sutileza teórica, mas um fato de transcendência vital. Além do mais, conseqüências muito graves o demonstram. Já o Iluminismo, afrontando esse problema, havia tentado desvincular Deus de uma revelação histórica particular. E em nossos dias, ninguém menos do que um pensador tão refinado como Georges Morel chegou a abandonar por essa questão não só a Companhia de Jesus mas o próprio cristianismo: ele acreditou que só assim poderia garantir a "gratuidade da relação com Deus", o qual "está perto de todos e não implica-se na história, porque implicar-se equivale a eleger, e eleger equivale a excluir"; o Deus particularizado numa eleição histórica, "para amar a Jacó, teve que odiar Esaú" (Ml 1,2-3).[9]

E não é difícil observar que a forte radicalização de um teólogo tão significativo nesse ponto como John Hick está orientada, em grande parte, a evitar esse obstáculo. Embora curiosamente, o que adiante analisarei com mais pormenores, ele mesmo não consegue ser conseqüente nesse ponto, pois sua concepção do pluralismo o obriga a considerar como reveladas unicamente as religiões pós-axiais. Reintroduz assim um particularismo que, contrariamente à sua intenção, ameaça converter-se num gigantesco "favoritismo" divino em relação à história.

## I.4. Orientação geral da resposta

Ficam assim enunciados os dois grandes pólos ao redor dos quais vai girar a nossa resposta. Só eles permitem, a meu ver, uma compreensão coerente com a globalidade da experiência reveladora:

1) A *particularidade* da revelação cristã não é uma alternativa "escolhida" por Deus, mas uma necessidade imposta pelo fato inevitável de que a revelação precisa acontecer na história. Dito positivamente: Deus se revela sem reservas e a todos, com toda a força do seu amor, de sua sabedoria e de seu poder; os limites da revelação não são "queridos" por Ele, mas "impostos" pela insuperável finitude da captação humana. Trata-se de uma incomensurabilidade estrutural — entre o infinito e o finito — que explica as limitações concretas, provenham elas de limites voluntários (como a etapa histórica ou a circunstância cultural) ou de resistências voluntárias (como a cegueira ou a deformação culpáveis).

2) A culminação histórica do processo revelador, concebida como *plenitude insuperável*, não poderia dar-se senão num ponto concreto. Tal ponto é o significado do mistério teândrico da pessoa de Cristo e sua necessária unicidade; por isso sua captação já é, simultaneamente, confissão de fé. Mas essa plenitude está intrinsecamente destinada a todos; o Cristo, por essa razão, não

é "propriedade" dos cristãos, mas oferta a todos como possível culminação da fé que eles já têm a partir de sua própria história. Tal é o fundo de razão do "inclusivismo" e constitui a base justa para o encontro "pluralista" das religiões, vista a partir do cristianismo.

## 2. O (suposto) silêncio de Deus:
*Cur tam sero?*

Paul Hazard conta uma curiosa anedota que mostra muito claramente a estranheza da racionalidade iluminista diante da aparente reserva e ainda avareza de Deus em se revelar a nós com clareza. Num encontro amistoso, o geógrafo e matemático francês La Condamine propôs a um grupo de amigos um difícil enigma. Para admiração geral, todos adivinharam a solução em poucos instantes; é que ele próprio a havia escrito com letras grandes no verso bem visível da folha em que estava lendo... A moral da história era clara e direta: Por que Deus não havia feito o mesmo conosco?[10]

Vamos logo dizendo que, embora sem um tão confessado racionalismo, esse pressuposto continua operando com muita força no imaginário coletivo, afetando não só a mentalidade vulgar mas também a reflexão teológica. Mesmo assim não é difícil compreender quanto isso é absurdo. Formulemo-lo abruptamente: *pensar que a revelação divina pudesse dar-se com perfeita clareza e para todos os homens desde o começo equivale a pensar — sem perceber — um sem-sentido.* Significa, com efeito, ser vítimas de um reflexo imaginativo que concebe acrítica e abstratamente a onipotência do agir divino, sem levar em conta os limites impostos à sua realização pela fechada limitação da criatura. No fundo, equivale a imaginar o "círculo quadrado" da captação perfeita do infinito na estreiteza da subjetividade finita.

O falso encanto se desfaz quando nos debruçamos sobre o tema com atenção crítica. E mais ainda se o analisarmos à luz da racionalidade íntima da experiência reveladora da Bíblia. O Deus que nela se descobre é um Deus de amor, sempre disposto ao auxílio total; um Deus que em sua manifestação definitiva se apresenta não poupando nem a vida do seu próprio Filho (cf. Rm 8,32) contanto que consiga salvar a humanidade. É óbvio que, no que dele depender, um Deus assim também se revelará a todos sem reservas. O limite, se houver, existe porque não pode ser evitado e vem de outro lugar: da incapacidade da criatura para captar com mais clareza sua revelação. Bem analisada, essa é, além do mais, a estrutura geral de toda a experiência bíblica, que mais tarde são João da Cruz expressará tão magnificamente: "Pois ao dar-nos como nos deu o seu Filho, que é uma Palavra sua — e ele não tem outra, tudo ele nos falou junto e de uma só vez nessa única Palavra, e não tem mais nada a dizer".[11]

Não se deve estranhar, portanto, que essa intuição apareça já na teologia cristã mais primigênia, e justamente em conexão com nosso tema, apesar de que, como sabemos, naquela época apresentava-se bem menos agudamente. O escândalo da particularidade se manifestava, é lógico, não tanto no *espaço* abrangido pela terra habitada quanto na profundidade do *tempo* (mais perceptível, apesar de nos parecer tão curto visto a partir de nossa perspectiva atual). A pergunta que se fazia como objeção aos cristãos era a seguinte: "Onde estavam, nos séculos anteriores, os cuidados de uma tão grande providência?".[12]

Trata-se da famosa questão do *cur tam sero?* ("Por que tão tarde?"). O curioso é que a reflexão teológica conseguiu, já naquela época, indicar a causa profunda e verdadeira: *não era possível* de outro modo, dada a imperfeição e finitude da criatura. Santo Irineu expressou-o com palavras insuperáveis:

> Se alguém dentre vós perguntar: Não poderia Deus, desde o princípio, fazer o homem perfeito?, saiba que Deus certamente é todo-poderoso, mas que é impossível que a criatura, pelo fato de ser criatura, não seja muito imperfeita. Deus a conduzirá por graus à perfeição, como uma mãe que deve primeiro amamentar seu filho recém-nascido e vai dando-lhe, à medida que cresce, o alimento que

necessita [...]; só quem não foi produzido é também perfeito, e este é Deus. Foi necessário que o homem fosse criado, depois crescesse, se tornasse adulto, se multiplicasse, adquirisse forças e depois chegasse à glória e visse o seu Mestre [...]. Mais insensatos do que os animais, acusam Deus de não tê-los feito deuses desde o princípio.[13]

Por outro lado, Irineu não era em absoluto original: ele estava se apoiando na idéia paulina da "economia da graça de Deus" (Ef 3,1). E não estava sozinho: há toda uma linha que atravessa a patrística e que será abundantemente recolhida pelos grandes teólogos da Idade Média. Henri de Lubac, que a descobre, descreve-a assim: "Tudo é possível para Deus, mas a congênita debilidade da criatura impõe um limite à recepção de seus dons".[14]

Entretanto, é uma pena que essa intuição não tenha imbuído com mais eficácia o discurso teológico. É verdade que a essa idéia se faz aceno, e de modo crescente, sobretudo sob o prisma da impossibilidade da criação de um homem ou ser finito já perfeito. É significativo que a mesma reapareça no período modernista, com uma referência expressa à tradição patrística, sobretudo na correspondência entre Maurice Blondel e Lucien Laberthonnière:

A criação de um ser divinizável implica certas condições metafísicas que não são de pouca monta. O homem não pode, imediatamente, ser criado *perfei-*

*to* e acabado. Deve poder não só ratificar sua própria criação mas também consentir com a sua própria gênese e com o destino que lhe é proposto.[15]

É oportuno afirmar que na teologia atual — apoiada indubitavelmente por uma mais aguda consciência filosófica da historicidade da existência humana[16] — a idéia está penetrando cada vez com mais intensidade. Hans Urs von Balthasar a sublinhou, apoiando-se em De Lubac.[17] As referências poderiam multiplicar-se, tanto em relação à revelação em geral[18] quanto em referência imediata ao problema do encontro entre as religiões; a ela refere-se explicitamente o próprio John Hick.[19]

É preciso observar, contudo, que quase sempre se conserva ainda um traço voluntarista. Com efeito, continuam considerando como um pressuposto que Deus "poderia" revelar-se plenamente ao homem histórico, mas "não quer", *porque* isso anularia a liberdade humana. Isso que se tenta afirmar talvez seja legítimo,[20] mas estabelece todas as bases para continuar alimentando o fantasma imaginativo de que, no fim das contas, as coisas são tão difíceis porque Deus assim o quer.

Torna-se indispensável levar a sério a conseqüência, uma vez reconhecido o princípio: trata-se de uma *impossibilidade estrita*, tanto a partir da plenitude de Deus — que acabaria sendo negada na infinitude de seu mistério se pudesse ser cap-

tada de maneira perfeita por um ser histórico finito ("se o compreendes, não é Deus", dizia Santo
Agostinho)[21] — quanto a partir do homem — que
seria negado em sua essência de liberdade finita, a
qual, por isso mesmo, *precisa* realizar-se no trabalho e na maturação do tempo.

Em todo caso, significativo para o nosso propósito é o consenso de fundo: o reconhecimento
da particularidade da revelação cristã como uma
necessidade histórica. A esta altura convém darmos um segundo passo: ver seu significado em
relação com a revelação nas outras religiões.

## 3. A (suposta) "eleição" de Deus: *Cur tam cito?*

Também aqui a imaginação pode aprontar
alguma: em muitos casos, mesmo quando *em teoria* se tenha aceitado que Deus está real e salvífi-
camente presente em todos, continua *operando*,
de maneira subterrânea mas eficaz, o preconceito
segundo o qual ele só se revelou na tradição bíblica. A "eleição" de uns seria o abandono dos demais; na melhor das hipóteses, esperando que os
eleitos, mais tarde, instruam os outros. Para uma
maior clareza num ponto tão delicado, distinguirei
três passos na reflexão.

## 3.1. Não existe um "favoritismo" divino

A própria formulação explícita do preconceito é suficiente para ver sua enormidade. Do que antes foi dito e de toda a experiência bíblica segue-se a evidência contrária: é claro que, impelido pelo seu amor livre e generoso, o Deus que "quer que todos sejam salvos" busca, por todos os meios, fazer-se sentir o mais rápida e intensamente possível por todos os homens e mulheres desde a criação do mundo. Não descuida de ninguém, nem há nele "acepção de pessoas" (cf. Rm 2,11; Ef 6,9; Cl 3,25; 1Pd 1,17). Ocorre que cada tradição o recebe à sua maneira e segundo a limitada medida de suas capacidades; mas de nenhuma ele se descuida, em todas está presente e de todas se serve para ajudar os outros.

Sintetizando imaginativamente: é como se Deus, o fundo luminoso do ser, estivesse pressionando continuamente a consciência da humanidade para emergir nela, fazendo sentir sua presença (sua revelação).[22] Onde se oferece um resquício, onde uma consciência cede livremente à sua pressão amorosa, lá ele concentra seu afã, aviva com cuidado o lume que começa a nascer e continua apoiando-o com todos os meios de sua graça. E a partir desse ponto procura estender aos demais a nova descoberta, unindo neles a pressão interna de sempre e o oferecimento externo que lhes vem da história.

Compreende-se assim que a "eleição" — é bom notar que todas as religiões se consideram, de algum modo, "eleitas" — não pode ser interpretada fora desse contexto. O contexto significa o modo concreto com o qual Deus se relaciona com uma tradição determinada. Tal modo é dado não por uma escolha arbitrária mas sim pelas condições reais que o tornam possível. E o que nele se consegue de novo e peculiar é destinado a todos. Trata-se, portanto, de uma vivência real e plenificante, pois Deus não age na pura aparência de um "como se"; todavia, não se trata de "favoritismo", pois sua destinação é intrinsecamente universal.

É indubitável que seria necessário aprofundar mais um tema tão fundamental como esse. Para não nos alongarmos, vamos tentar aclará-lo com um exemplo. Imagine-se um professor que está tentando fazer com que seus alunos compreendam uma teoria difícil. A todos dirige-se com o mesmo interesse e idêntico amor, pois quer ser compreendido por todos. Mas quando, no meio das ações por ele promovidas, vê surgir nos olhos de algum aluno o brilho da compreensão, é evidente que — sem se descuidar de continuar ensinando aos demais — procurará apoiá-lo e impulsioná-lo até o fundo do problema, na justa medida da sua capacidade. Há liberdade por parte do professor, pois o aluno nem se daria conta se o professor não se decidisse a explicar. E pode haver aparência de "eleição", porque a compreensão do aluno e conseqüentemente a relação com o professor é intensificada e aprofundada. No entanto, se estivermos diante de um bom pedagogo, isso não representará "favoritismo" algum; pelo contrário, o professor procurará fazer com que, com a ajuda desse aluno, *a classe inteira* chegue o mais rapidamente possível à idêntica compreensão. Longe de sair perdendo, a turma toda saiu ganhando. (Sem falar que, no intercâmbio, esse aluno também aprenderá com os seus colegas, pois ninguém compreende *tudo e em todos os aspectos* melhor do que os outros).

(Para insistir mais um pouco nesse ponto tão decisivo, permitam-me recorrer a um fato pessoal. Durante um congresso em Roma, conversando com um ilustre teólogo judeu, acabamos falando do tema da eleição, e ele também recorreu ao exemplo do aluno. Como justamente naqueles dias eu havia recebido a tradução alemã do meu livro sobre a revelação, disse-lhe que era exatamente esse o exemplo que eu havia citado, na forma como acabei de reproduzir acima. Então passei-lhe para que o lesse. Mas quando ele começou a leitura, exclamou: "Não, não é isso; o que eu digo é que, ao entrar na sala de aula, o professor, de sua própria iniciativa, escolhe de antemão um aluno". É fácil deduzir que naquele exato momento o nosso diálogo acabou.)

Continuando com a reflexão, retiremos aquilo que num professor humano possa haver de parcialidade; notemos, acima de tudo, que a sensibilidade pelo divino não coincide necessariamente com os dotes dos "sábios e prudentes" do mundo (Mt 11,25);[23] acrescentemos que tanto o ser do aluno quanto a sua própria capacidade de compreender são, nesse caso, dom do Revelador divino, que ama com idêntico amor a todos os demais, e teremos um "modelo" muito sugestivo para compreender o mistério dessa relação particular tematizada como "eleição" divina. E talvez agora se possa compreender melhor o que anteriormente foi dito: que, devido às suas conotações muito dificilmente evitáveis, o melhor é renunciar a essa categoria.

## 3.2. A missão particular como "estratégia" do amor universal

Façamos a aplicação à tradição bíblica. A "eleição" de Israel responde perfeitamente a esse esquema. Não se trata de que Deus "comece" sua manifestação com a história bíblica. O que ocorre é que, isso sim, no seio de sua manifestação à humanidade — e mais concretamente à específica humanidade que a partir da revolução neolítica vivencia essa manifestação nas religiões do Oriente Médio — um grupo determinado vai iniciar um tipo peculiar de experiência. Uma peculiaridade que foi determinada por diversas circunstâncias, dentre as quais a experiência da saída do Egito, a localização num lugar de cruzamento de religiões e culturas, e sobretudo — seria uma conseqüência? — o estilo ético, pessoal e histórico em que foi se configurando sua relação com Deus;[24] todas essas circunstâncias desempenharam um papel determinante. Daí nasceu *seu* modo específico de captar a *comum* "pressão" religiosa de Deus sobre a consciência da humanidade.[25]

Não se trata de afirmar que tudo aqui tenha sido único e exclusivo, nem sempre mais pleno e melhor. De fato, em relação a determinados aspectos — tais como a tolerância com os demais e a transparência cósmica do Absoluto, nas religiões da Índia; ou a sabedoria da vida, na religião chinesa[26] — a tradição bíblica não se mostra especialmente receptiva. Mas a auto-interpretação cristã crê que, em conjunto, através desse grupo, foi aberto um tipo de experiência no qual — digamo-lo à nossa maneira — Deus encontrou, *de fato*, a possibilidade de ir potencializando um caminho rumo à manifestação alcançada em Cristo.

Agora, porém, já compreendemos que esse fato não roubou nada dos demais, pois Deus, enquanto isso, foi apoiando com igual amor e dedicação as demais religiões, no modo específico em que isso se tornava possível em suas respectivas circunstâncias históricas, religiosas e culturais. Ao mesmo tempo, nota-se muito bem que o que foi assim conquistado pode ser oferecido às demais religiões, da mesma forma que estas — que, como o demonstra a atual crítica bíblica, já haviam colaborado com ela em temas fundamentais — podem oferecer-lhe suas conquistas específicas. Concretamente, para situar-nos em nosso problema e prescindindo neste momento de sua maior ou menor excelência, torna-se inteligível que *aquilo* que a tradição bíblica conquistou através de sua culminação em Cristo pode ser colocado agora à disposição de todos. De fato, historicamente é muito sugestivo que aquilo que foi alcançado na tradição do Primeiro Testamento, até então bem isolado num particularismo nacionalista, é entregue agora a toda a humanidade no universalismo cristão. A Igreja primitiva custou a entender isso, mas a dinâmica interna era incontrolável.

Um mínimo de realismo histórico mostra que, sem diminuir em nada tudo o que nelas foi justamente adquirido, agora as outras religiões podem, *além disso*, receber uma contribuição à qual não tinham chegado por meio de sua evolução interna. E, repito, aqui estou falando da autocompreensão cristã; mas, em seu aspecto estrutural, o que dissemos do cristianismo pode ser dito da mesma forma, partindo-se da autocompreensão de qualquer religião.

Esse, e somente esse — não qualquer tipo de imposição mais ou menos imperialista —, é o sentido autêntico da *missão*. Vista assim, a particularidade histórica, em princípio tão escandalosa, está longe de significar um favoritismo arbitrário. E a missão configura-se como o único recurso possível para universalizar a revelação, oferecendo a todos aquilo que foi adquirido num ponto concreto. A partir do ponto de vista de Deus — se nos for permitido falar assim —, constitui-se uma autêntica "estratégia do amor" para chegar quanto antes e do melhor modo ao maior número possível de homens e mulheres.

## 3.3. A pressa do amor

A idéia à qual fizemos alusão no título desta seção pode servir para ilustrar isso e confirmá-lo. Os antigos puderam perguntar-se: "Por que tão tarde?". Mas a autocompreensão cristã — e não me canso de insistir que é dela que estou falando agora — pode fazer-se, e fez, também a pergunta contrária: *Cur tam cito?* ("Por que tão cedo?"). Com efeito, olhando para o lento processo da história humana e para a imensidão do horizonte que se abria diante dela, como foi possível essa inaudita "aceleração do tempo" — note-se: um tópico bíblico — que fez do ponto zero da nossa era a culminação definitiva que, segundo aquilo que cremos, aconteceu na revelação em Cristo? Ainda hoje a humanidade continua caminhando para a unificação cultural e a humanização verdadeira: Como é possível pensar que os tempos estivessem "maduros" — outro tópico bíblico — há mais de vinte séculos? Hans Urs von Balthasar com muita propriedade detecta esse tema em W. Solowjew e o expressa assim:

Se os Padres da Igreja tiveram que responder à pergunta sobre por que Cristo chegou tão tarde no fim dos tempos, Solowjew precisa responder à pergunta contrária sobre por que chegou tão cedo.[27]

Certamente, esse tipo de considerações corre sempre o risco de fugir de um sentido controlável. No entanto, olhando a fundo a experiência e estando muito conscientes de que se trata de uma consideração *a posteriori* sobre aquilo que de fato aconteceu historicamente, não resulta tão artificial para a reflexão crente pensar que a revelação definitiva em Cristo foi produzida num tempo em que havia um mínimo de condições de possibilidade para sua inserção definitiva na história universal.[28] Nessa direção já apontavam as considerações de Hegel[29] e de Schelling,[30] bem como, mais tarde, as de Teilhard de Chardin[31] e de Urs von Balthasar.[32]

De qualquer modo, tome-se essa idéia na justa medida de sua intenção fundante: a de sublinhar a infinita generosidade do amor de um Deus que "é amor" e que "está trabalhando desde sempre" (Jo 5,17).

## Notas

[1] *Many Mansions. A Christian's Encounter with Other Faiths.* 2. ed., Boston, 1992, p. 2.

[2] Hegel analisou-o magistralmente na *Fenomenología del Espíritu*, VI B III (*Werke* 3 [E. Moldenhauer & K. M. Michel (eds.)]. Frankfurt à.M., 1986, pp. 431-441; ed.

brasileira: *Fenomenologia do Espírito*. 2. ed., Petrópolis, 2002). Vejam-se também as agudas observações de R. Schäffler, *Religion und kritisches Bewusstsein*. Freiburg/München, 1973, pp. 56-83; principalmente, 56-73.

[3] E. Schillebeeckx, *Jesús. La historia de un viviente*. 2. ed., Madrid, 1984, pp. 556-560. Uma tentativa densamente especulativa é a de W. Löser, "Universale concretum" als Grundgesetz der oeconomia revelationis, in W. Kern; H. J. Pottmeyer; M. Seckler (eds.), *Handbuch der Fundamentaltheologie*. Freiburg, 1985, v. II (*Traktat Offenbarung*), pp. 108-121.

[4] Obviamente não estamos querendo dizer com isso que toda tradição particular seja potencialmente, sem mais nem menos, universal; tal pretensão deverá ser demonstrada em sua capacidade real para chegar a todos e para ser aceita, não pela imposição da força mas sim pela validade humana da oferta. Daí a importância do tema da *verificação*, ao qual aqui poderemos apenas acenar.

Como se sabe, essa é uma preocupação capital na reflexão de W. Pannenberg sobre a revelação, já desde o escrito programático, dirigido por ele, *Offenbarung als Geschichte*. 4. ed., Göttingen, 1970. Em diálogo com o seu pensamento, também nós prestamos grande atenção ao problema; cf. *La revelación*, principalmente pp. 343-381.

[5] Basta pensar nos grandes representantes da Escola Histórica das Religiões, para muitos dos quais a Bíblia passou a ser um livro a mais dentre os livros sagrados das culturas mesopotâmicas (cf. J. Hempel, Religionsgeschichtliche Schule. *RGG* 3, 1961, pp. 991-994; e H. Schlier, Religionsgeschichtliche Schule. *LfThK* 8, 1963, pp. 1184-1185). Mais significativo ainda talvez possa ser o fato, contado por Semler no prólogo à sua refutação de Reimarus: o escândalo da publicação por Lessing dos fragmentos de *Sobre o propósito de Jesus e de seus discípulos*, 1778, foi tão grande que muitos estudantes de teologia se sentiram perdidos e passaram a procurar outra profissão (cf. A. Schweitzer, *Geschichte der Leben-Jesu-Forschung*. München/Hamburg, 1976, p. 67). A respeito disso tudo, cf. A. Torres Queiruga, *La revelación*, caps. II-III, pp. 57-116.

[6] C. Schwöbel, Pluralismus II. *TRE (Studienausgabe)* 26, p. 732.

[7] Esse tema é recorrente, por exemplo, em C. Duquoc: "O Espírito desvela de maneira original a dinâmica de nossa história, assegura que Deus esteja presente nela sem estar à nossa disposição e mantém os fragmentos à

margem de laços claros com a totalidade imaginada. O Espírito desvela, não revela sem ocultamento. Indica que o presente é habitado por Deus, mas se guarda de colocar Deus à nossa disposição, como se fosse uma possessão que pudéssemos utilizar a nosso bel-prazer" (*El único Cristo. La sinfonía diferida.* Santander, 2005, p. 220). Cf. outras referências em M. Aebischer-Crettol, *Vers un oecuménisme interreligieux. Jalons pour une théologie chrétienne du pluralisme religieux.* Paris, 2001, pp. 645-649: Le pluralisme religieux, dessein de Dieu?

[8] Cf., dentre outros, A. Torres Queiruga, verbete "Mal", in *Conceptos Fundamentales del Cristianismo.* Madrid, 1993, pp. 753-761; Replanteamiento actual de la teodicea: Secularización del mal, "Ponerología", "Pisteodicea", in M. Fraijó & J. Masiá (eds.), *Cristianismo y Ilustración.* Madrid, 1995, pp. 241-292; *Do terror de Isaac ao Abbá de Jesus. Por uma nova imagem de Deus.* São Paulo, Paulinas, 2001, pp. 181-264.

[9] Cf. C. Duquoc, Monoteísmo e ideología unitaria. *Concilium* 197, 1985, pp. 79-83; o autor remete-se a G. Morel, *Questions d'homme.* Paris, 1977. Pessoalmente, em *La revelación,* p. 316, n. 316, explico minha relação com a obra de Morel e como me parece que, com base na concepção que tento expor, seus próprios pressupostos, longe de distanciar do cristianismo, permitem compreendê-lo muito melhor.

Creio que o mesmo poderia ser afirmado em relação à postura de J. Hick. Nesse sentido, embora eu esteja de acordo com J. Gómez Caffarena de que o livro *An Interpretation of Religion* (London, 1989) é "uma digníssima culminação de uma vida dedicada à filosofia da religião" (Filosofía de la Religión. Invitación a una tarea. *Isegoría* 1, 1990, p. 130, n. 3), não creio que, num ponto tão crucial, seja a única possível a partir dos seus próprios pressupostos.

[10] *La pensée européenne au XVIIIe siècle;* uso a ed. portuguesa: *O pensamento europeu no século XVIII.* Lisboa, 1983, pp. 55-56 (Todo o capítulo é intitulado, significativamente, O Deus dos cristãos submetido a juízo).

[11] *La subida al Monte Carmelo,* 1.2, cap. 22, n. 3 (*Vida y obras de san Juan de la Cruz.* 4. ed., Madrid, 1960, p. 522).

[12] Assim raciocinavam Celso, Porfírio, Símaco e Juliano o Apóstata. Ver as referências em H. de Lubac, Predestinación de la Iglesia, in *Catolicismo. Los aspectos sociales del dogma.* Barcelona, 1963, pp. 177-178. Esse trabalho (pp. 177-203) é uma excelente síntese.

13    *Adv. Haer.* 4, 38 (PG 7, 1105-1109).

14    Loc. cit., 178-195.

15    Assim C. Tresmontant resume o sentido da discussão: M. Blondel & L. Laberthonnière, *Correspondance philosophique*. Paris, 1961, p. 346; cf. 346-347.372.375-376. Cf. também C. Tresmontant, *La métaphysique du christianisme et la naissance de la philosophie*. Paris, 1961, pp. 650ss.

16    Hegel fazia alusão a um "argumento dos dois mil anos"; cf. esclarecimento e referências em W. Jaeschke, *Die Vernunft in der Religion. Studien zur Grundlegung der Religionsphilosophie Hegels*. Stuttgart/Bad Cannstatt, 1986, pp. 207 e 291.

     J. P. Sartre sublinha muito bem a necessidade do crescimento a partir da radical e constitutiva historicidade da liberdade: cf. *L'être et le néant*. Paris, 1943, principalmente a IV Parte, cap. I, pp. 508-642.

17    Cf. *Theodramatik*. Einsiedeln, 1976, v. II/1, pp. 195-201.

18    Cf., por exemplo, J. Monserrat, *Existencia, mundanidad, cristianismo*. Madrid, 1974, pp. 452-454; e M. Gelabert Ballester, *Experiencia humana y comunicación de la fe*. Madrid, 1983, pp. 113-118.

19    *God Has Many Names*. Philadelphia, 1980, p. 50.

20    A dificuldade remonta a Kant e foi retomada por K. Jaspers: "Eu mesmo não posso pensar de outra maneira que a de Kant: se a revelação fosse 'real' [comprovável empiricamente: A.T.Q.], isso seria o infortúnio para a liberdade concedida aos homens" (*La fe filosófica ante la revelación*. Madrid, 1968, pp. 23-24).

     Veja-se como o expressa hoje J. Hick: "We can imagine [observe-se o verbo] finite personal beings created in the immediate presence of God, so that in being conscious of that which is other than themselves they are authomatically and unavoidably conscious of God. [...]. But how, in that situation, could they have any genuine freedom in relation to their creator?" (*God Has Many Names*). Cf. em *La revelación*, pp. 321-322, as referências que faço a outros autores e um raciocínio um pouco mais detalhado.

     Deixo de analisar aqui o caso *distinto* da plenitude na glória, já que esta supõe *necessariamente* a história prévia: cf. as considerações que fazemos a respeito em *Creo en Dios Padre*. Santander, 1986, pp. 145-149 (ed. brasileira: *Creio em Deus Pai*. São Paulo, 2005).

21    "Si enim comprehendis, non est Deus" (*Sermo* 117, 3, 5: PL 38, 663).

[22] É significativo que J. Hick recorra também a essa mesma imagem: "Let us then think of the Eternal One as pressing in upon the human spirit, seeking to be known and responded to by man's free responses to create the human animal into (in our Judeo-Christian language) a child of God, or towards a perfect humanity" (*God*, p. 48). Como a primeira edição dessa obra é de 1980, a primazia da metáfora lhe corresponde; mas o que importa é a coincidência das preocupações, apesar da possível diferença nas teorias.

[23] O fato de não levar em conta essa observação e todo o contexto em que se move minha reflexão fez com que eu fosse mal interpretado por meu amigo M. Fraijó, *Fragmentos de esperanza*. Estella, 1992, p. 224.

[24] Tema, obviamente, difícil; vejam-se as referências que faço em *La revelación*, pp. 328-329.

[25] Leia-se a sugestiva apresentação do processo bíblico feita, nesse sentido, por A. Kolping, *Fundamentaltheologie*. Münster, 1974, v. II (*Die konkretgeschichtliche Offenbarung Gottes*), pp. 16-210.

[26] Veja-se a sugestiva classificação feita por H. Küng (*Christentum und Chinesische Religion*. München/Zürich, 1988, pp. 11-19) das três grandes correntes religiosas na humanidade atual: a abraâmica, a indiana e a chinesa.

[27] *Herrlichkeit*. 2. ed., Einsiedeln, 1969, v. II/2 (Laikale Style), p. 692; cf. 681-693.

[28] Tampouco nesse ponto me parece correta a interpretação que de meu pensamento foi feita por M. Fraijó, op. cit.

[29] Sobretudo quando fala do trânsito para a "religião consumada" em suas *Lecciones sobre Filosofía de la Religión*, nova edição de W. Jaeschke, traduzida para o espanhol por R. Ferrara (Madrid, 1987), vv. II-III, principalmente pp. 44-67.

[30] *Las edades del mundo: textos de 1811 a 1815*. Madrid, 2002.

[31] *El fenómeno humano*. Madrid, 1963, 349-357.

[32] Implicaciones de la palabra, in *Verbum Caro*. Madrid, 1984, pp. 88-93. U. Mann (*Das Christentum als absolute Religion*, principalmente pp. 9-46, 169-188), recorrendo bastante à noção de "tempo eixo" (muito ampliada no tempo em relação à de Jaspers), faz também sugestivas considerações.

capítulo 2

# A plenitude e definitividade da revelação cristã

O que dissemos até agora tem como pressuposto o caráter pleno e definitivo da revelação cristã. Esse, de fato, não foi diretamente o objeto do presente estudo. Na verdade, como várias vezes temos sugerido, a *estrutura* do raciocínio poderia servir para qualquer tradição. A razão está em que nos interessava esclarecer a primeira grande questão proposta inicialmente: a *particularidade* como uma necessidade histórica de toda revelação possível e, portanto, como qualidade não arbitrária nem oposta, em princípio, à universalidade de destino.[1]

Agora, no entanto, precisamos afrontar diretamente a difícil e delicada questão do sentido concreto que pode ter a confissão dessa plenitude e dessa definitividade num clima que não pode ignorar a justa pretensão subjacente aos posicionamentos pluralistas, contando, além disso, com o reconhecimento da verdade presente em todas as religiões. Por clareza, e sobretudo para manter o maior rigor possível, a reflexão começará pelo esclarecimento metodológico de alguns conceitos básicos. Num segundo momento abordaremos as duas questões fundamentais: a plenitude, em sua relação com o pluralismo; e a definitividade, na relação com a particularidade cristã.

## I. A autocompreensão cristã e a questão do pluralismo

Os mal-entendidos neste campo são tão grandes e podem ter conseqüências tão graves que, antes de passar ao esclarecimento acerca das opções concretas, convém que nos ocupemos de algumas questões fundamentais relacionadas ao método. Isso pode tornar tudo ainda mais abstrato e talvez mais enjoativo; todavia, como dizemos em galego, "pagará" a pena se ajudar a delinear com mais exatidão tanto o sentido da proposta quanto a intenção cordial que a sustenta.

## I.I. A impossibilidade de um pluralismo indiferenciado

Convém começar, portanto, antes de mais nada, afrontando a preocupação pluralista: qualquer tentativa de universalizar uma particularidade deve se precaver, por todos os meios, de fazê-lo à custa dos outros. Não deve tratar-se de uma "universalidade de conquista". Ninguém pode pensar hoje, com um mínimo de sensatez, que toda a revelação tenha se concentrado unicamente na tradição bíblica e cristã, diante de um mundo totalmente privado da presença reveladora de Deus. Os tempos para jogar com a tola e horrível tentação de um "exclusivismo" cristão devem ser muito bem esquecidos e sepultados.

A questão toda está em saber se a única alternativa a esse posicionamento consiste num nivelamento de todas as experiências reveladoras (ou pelo menos das principais). Essa alternativa, como dissemos, tem a seu favor a espontânea generosidade do coração. No entanto, ao mesmo tempo, creio que obedece muito mais à onipotência imaginativa do desejo do que ao realismo da história humana. Esta jamais é homogênea, e avança sempre "pontualmente", no sentido de que qualquer conquista ou aquisição de algo verdadeiramente novo está sempre "situado", já que ocorre numa circunstância determinada de tempo e de lugar.

O que não significa que esteja em total descontinuidade com outras circunstâncias ou livre do influxo do ambiente circundante, nem que os demais devam ser concebidos como totalmente privados daquilo que exemplarmente se consegue no ponto de avanço. Pense-se, por exemplo, na *filosofia*: é muito difícil negar-lhe o caráter de ser uma aquisição grega (pelo menos tal como a entendemos no Ocidente; mas isso basta para o nosso raciocínio).[2] E para reconhecer isso não é preciso pensar que a ela se chegou sem o influxo de outros povos, nem, muito menos, que estes careçam totalmente de "filosofia".[3] Poderíamos referir-nos igualmente à *técnica* moderna como uma "descoberta" ocidental e moderna:[4] sem algum tipo de técnica, nenhuma cultura pode sequer sobreviver; e contudo, se a quiserem usar com plena eficácia, *de fato* terá que lhes chegar a partir do Ocidente.

Observe-se que esse raciocínio ainda é um raciocínio abstrato. Em princípio, os exemplos valem para qualquer grande avanço humano e, por conseguinte, para qualquer religião. Sugerem, além disso, que não se trata de avanços totais: uma tradição pode avançar muito num ponto e ficar atrasada em outro; e inclusive esse mesmo avanço específico normalmente tem seus custos.

Basta pensar nas ambigüidades da técnica para compreendê-lo. Nesse sentido, com certeza não há religião que não tenha conseguido algo de próprio, específico e peculiar, isto é, que não tenha aberto aos outros alguma dimensão daquilo que Deus procura manifestar a todos. Não é um fato que estamos sempre aprendendo algo no contato com as demais religiões?

Aqui reside, repitamo-lo, a justiça em se admitir, com uma amplidão cujo alcance não é possível dimensionar *a priori*, a verdade de um forte pluralismo religioso.[5] O problema surge quando se quer transformá-lo em equivalência igualitária, distinta unicamente de modo circunstancial pelo tempo, pelo lugar ou pela cultura na qual se desenvolve cada religião. Seria ótimo, se fosse possível. Mas muito dificilmente se pode pensar que isso possa ser assim, embora nem sempre seja fácil fazer justiça à intenção daqueles que o propõem. Tomem-se, pois, estas reflexões, antes de mais nada, como uma tentativa de esclarecer uma tipologia. Por isso farei referência expressa à postura de John Hick, pois talvez seja a mais influente e a que é defendida de modo mais claro e continuado.

É indubitável que a distinção entre Deus em si mesmo — ou o Real, ou o Absoluto, ou o "Eternal One" — e sua manifestação religiosa nas diferentes culturas constitui uma evidência fundamental. Hick tem razão em insistir nela.[6] Mas não parece poder sustentá-la ao reduzir cada manifestação ao fato de ser simplesmente um *modo* equivalente a outro qualquer. Isso negaria à revelação todo caráter de verdade e de descoberta real, pois nesse caso o "fenômeno" nada diria da realidade do "número" (a comparação é do autor[7]), o que acarretaria graves conseqüências.

Por um lado, dificilmente evitaria o risco de agnosticismo (as diferenças seriam puramente subjetivas, já que, ao não informar sobre o Real, tampouco são medidas por ele).[8] Por outro, tenderia de algum modo a paralisar a história: nem a contribuição da tradição, nem sua purificação crítica, nem o diálogo ou contato com outras tradições teriam um alcance real; o resultado final seria sempre equivalente ao ponto de partida (isto é, igualmente não informativo), sem possibilidade de nenhum avanço *real* rumo à verdade. Verdade que, certamente, nunca poderá ser adequada, mas à qual não se pode renunciar por ser inadequada.

Na realidade, tal postura torna-se impossível de ser mantida em sua coerência. Por isso, a meu ver, John Hick viu-se obrigado a recorrer a duas grandes abstrações: a primeira, de caráter histórico, restringindo a revelação unicamente às religiões pós-axiais; a segunda, de caráter gnoseológico, negando-se a ver as inevitáveis e irredutíveis distinções no próprio interior das grandes religiões.

Como já dissemos, Hick restringe o pluralismo "às grandes religiões mundiais *(the great world faiths)* que têm suas raízes na idade axial".[9] Ao fazê-lo, todavia, opera uma forte abstração que eu me atreveria a qualificar de religiosamente discriminatória e teologicamente injustificável, pois o faz negando o caráter de *revelação* às demais religiões, as *pré-axiais*, que além do mais, não o esqueçamos, abarcam certamente a maior parte da existência da humanidade (três mil anos diante de muito mais de um milhão):

> Tal foi o longo e lento crepúsculo daquilo que podemos chamar de *religião natural*, ou de *religião sem revelação*, que durou desde o começo da história humana até o amanhecer ocorrido há aproximadamente três milênios. Desse período crepuscular primitivo podemos dizer que os humanos tinham, em virtude da natural tendência religiosa de sua natureza, um vago e cru sentido do Uno Eterno, uma consciência que, a partir do nosso ponto de vista de judeus ou de cristãos, no melhor dos casos adotou formas infantis e, no pior, assombrosamente cruéis e sanguinárias, mas que, apesar de tudo, constituíram a matriz da qual nasceriam as religiões mais elevadas. Eu diria que aqui havia mais projeção humana do que desvelamento divino.[10]

A verdade é que tal restrição acaba evidentemente se tornando incômoda ao autor, que por isso mesmo, em outros contextos, faz um esforço repetido para suavizá-la, avisando que "ao termo 'arcaico' não se deveria atribuir nenhum estigma religioso", pois "as mudanças iniciadas na época axial trouxeram tanto males quanto coisas boas".[11] É óbvio que o seu raciocínio é forçado pela sua própria teoria, pois um pluralismo como o que ele propõe só é admissível para as religiões pós-axiais; ele mesmo reconhece sem meandros que as diferenças com as pré-axiais são demasiadamente grandes e destacadas para se tentar uma equivalência.[12] Por essa razão, a necessidade de afirmar a igualdade o obriga a limitar-se às primeiras, reconhecendo unicamente para estas a existência de verdadeira revelação.

Ele faz isso com dúvidas e vacilações que o honram, mas que, com toda clareza, põem em questão a sua teoria. Teoria que, além do mais, não necessariamente decorre de sua proposta de revelação e que, no fundo, nem sequer é conseqüente com ela. O texto que segue pode ser esclarecedor a respeito:

> Pensemos, então, no Uno Eterno como que pressionando sobre o espírito humano, buscando ser conhecido e correspondido pelo ser humano, e tentando, através das respostas livres humanas, recriar [to create... into] o animal humano em filho de Deus, ou rumo a uma perfeita humanidade. E suponhamos que naquele primeiro milênio antes de Cristo [o da época axial] a vida humana tenha se desenvolvido a ponto de ser capaz de receber e responder a uma nova e mais completa visão da realidade divina e ao chamado dessa realidade sobre a sua vida. *Tal irrupção é chamada tradicionalmente de "revelação"*, e essa revelação, como sugeri, ocorreu já no plural [nas grandes religiões].[13]

Devo dizer que esse conceito de revelação, enquanto resultado de um Deus que "pressiona" com amor para ser acolhido livremente por sua criatura, é aquele que está na base de toda minha reflexão, a tal ponto de eu tê-lo qualificado de certo modo como um começo da "máxima revelação possível".[14] Todavia, justamente por isso, ela deve ser pensada como uma revelação estendida a todos os homens e mulheres desde o começo do mundo, pois seria absurdo pensar que Deus tenha começado a cuidar da humanidade com maior amor a partir da época axial. Outra coisa — aí reside minha principal insistência — é a inevitável diferença nas *respostas* humanas.[15] Diferença que é tanto *diacrônica* (como o reconhece Hick) quanto *sincrônica* (conseqüência que ele pretende evitar). E que, respondendo a uma presença universal de Deus, não nega todo pluralismo, mas o concebe de modo distinto, o qual, significativamente, torna-se ao mesmo tempo mais restrito (em relação às *grandes* religiões) e mais amplo (em relação a *todas* as religiões).[16]

Essa primeira abstração, pela sua própria violência histórica, põe em maior destaque a outra, a de caráter gnoseológico. O mérito de Hick está em ter reconhecido de forma unívoca e ter contribuído para introduzir na publicidade teológica o valor e a dimensão salvífica das grandes religiões. Estas, totalizando a vivência e a visão religiosa no seio de culturas profundamente amadurecidas, descobriram o valor do humano como tal, conseguindo superar o seu fechamento tribal e puramente naturalista, tornando-se universais e explicitando de maneira expressa e coerente o valor transcendente da salvação.[17]

Contudo, reconhecido isso, não é realista supor que a entrada na época axial represente um nivelamento no acerto e no valor das diferentes religiões. Começando já pelo fato histórico de que, no interior dessa época, continuam existindo muitas religiões que não entram na classificação de "grandes". Excluí-las dessa igualdade supõe, como foi dito, uma discriminação objetiva; para evitá-la, requer-se algum tipo de critério que permita julgar a "verdade" e o acerto das diferentes propostas religiosas. Recorrer ao fato de que não são "reveladas", além de ser uma concepção hoje insustentável, ameaça transformar o simples número em critério de verdade.

Disso deduz-se, no mínimo, que não é o caso de se descartar que, dentre as qualificadas como "grandes", existam também importantes diferenças, irredutíveis a simples variantes culturais. Só negando ou diminuindo ao máximo o alcance *real* do conhecimento e da vivência religiosa, bem como seu alcance efetivo na configuração do indivíduo e da comunidade, pode-se afirmar tal identidade, que muito dificilmente pode ser sustentada tendo em vista os dados da história e a fenomenologia religiosa; e já nem falemos na teologia.

Mas há ainda uma consideração que, por estar livre de toda possível concorrência ou exclusivismo, torna isso mais óbvio. O problema se apresenta não só entre as diferentes religiões, mas inclusive dentro de cada religião, até mesmo depois do ingresso na época axial: entre Jeremias ou Ezequiel e Jesus de Nazaré há uma diferença que pelo menos nós cristãos consideramos tão fundamental a ponto de falarmos de uma religião distinta. E na Índia, a diferença entre Buda e Jaina, mesmo sendo contemporâneos, evidencia uma enorme separação, que aumenta se ambos forem comparados com o hinduísmo posterior.

Esse valor das diferenças explica, de resto, a evolução religiosa. Em todas as épocas, qualquer modo de viver uma religião em princípio tem seu direito; mas todos procuramos discernir entre modos mais autênticos e menos autênticos de vivê-la; ou seja, procuramos modos que cremos serem *objetivamente* melhores. Por isso a crítica interna, representada de forma exemplar pelo *profetismo*, possui uma presença ubíqua e determinante em (quase) todas as religiões.

Voltando à consideração diacrônica, basta pensar no profetismo bíblico para compreender a magnitude do influxo e as transformações por ele introduzidas na fé javista, bem como as diferenças radicais entre uma etapa e outra. Só para citar o exemplo mais ilustrativo: torna-se impossível falar de equivalência religiosa entre o politeísmo ou, mais ainda, entre o henoteísmo pré-exílico e o monoteísmo duramente conquistado pelos profetas diante do impacto da duríssima crise do Exílio. Embora neste caso se trate de um pluralismo que, de certo modo, supõe uma fronteira de passagem para a época axial em Israel, vale como exemplo de princípio, já que cada etapa é uma resposta à configuração do Divino em *sua* própria cultura e circunstância.

Se é assim, surge de maneira inevitável o problema do critério. Reconhecendo verdade em todas as religiões e vendo ao mesmo tempo que nem todas podem ser iguais, requer-se algum tipo de critério objetivo que permita uma opção fundamentada no momento de emitir um juízo ou de fazer uma opção. De outro modo, corre-se o risco de cair na arbitrariedade caprichosa, na pretensão injustificada ou na imposição intolerante.

## I.2. A questão do critério: "lógica do descobrimento"

Ao abordar o problema, Hans Küng fala da "delicada questão do critério da verdade".[18] Ele remete, com efeito, a uma discussão delicada, mas da qual não se pode fugir. Na realidade trata-se de algo postulado pelo mais elementar realismo:

> Assim como tudo não é simplesmente um, tampouco tudo é simplesmente igual, nem sequer na própria religião! Um resignado "anything goes",

"tudo é possível", não basta para silenciar as perguntas fundamentais da vida humana pela verdade, pela responsabilidade e segurança últimas. Ou será que precisamente na esfera religiosa tudo é legítimo porque simplesmente acontece ("o poder dos fatos"), e, talvez, continue existindo sob uma forma um tanto pitoresca (religião vestida de folclore)?[19]

Mas não é fácil encontrar um critério que possa ser aceito por todos como base do diálogo. Muitos foram propostos, mas não se chegou a um acordo.[20] Na realidade eu penso que não se pode chegar mesmo a nenhum acordo, pelo menos na forma como foi proposto o problema. Porque propor um critério concreto, como conceito delimitado e claramente definível, suporia conhecer previamente o resultado ao qual se pretende chegar; ou seja, suporia conhecer de antemão a figura da religião perfeita ou ideal à qual se quer chegar através da aplicação desse critério. Em outras palavras, tenta-se aplicar uma lógica dedutiva lá onde um verdadeiro diálogo exige uma lógica indutiva ou, talvez melhor ainda, uma "lógica do descobrimento" ou da invenção.[21]

Creio que a razão do mal-entendido está numa confusão — perfeitamente compreensível — entre a situação *de fato* e a busca de um resultado *de direito*. Como é natural, o diálogo é estabelecido entre as religiões constituídas, que já têm formuladas as suas doutrinas, o seu culto e a sua espiritualidade. Mas essa situação concreta inicial tende a esconder o fato de que estruturalmente, e em vista de um diálogo *de princípio*, as religiões são sempre "conclusões" às quais se chegou a partir de "descobertas" (é isso o que significa revelação) que foram sendo "interpretadas" ao longo de uma história. E no diálogo trata-se justamente de examinar essas descobertas e essas interpretações, para ver em que medida são verdadeiras e mais ou menos acertadas. Disso emergem duas conclusões que podem lançar alguma luz sobre o problema.

A primeira coincide com a grande contribuição da fenomenologia, entendida como uma atitude global (prescindindo-se, portanto, de discussões sistemáticas, escolares ou detalhadas): a necessidade de "voltar às coisas mesmas".[22] Dito de uma forma um pouco mais técnica: o "dado", tal como aparece em suas formulações e figuras concretas, deve ser "reduzido", isto é, libertado, na medida do possível, de todo "pré-juízo", "suspendendo-se" ou pondo-se entre parênteses sua validade e trazendo-o de volta para o seu nascimento, até que se comprove se ele responde a uma *experiência real* e em que medida a interpreta com exatidão. E quando se trata de experiências *originárias*, o critério definitivo só pode estar na "dação" da realidade que nela se manifesta; isso vale para a sensação de "verde" tanto quanto para a noção de "bondade" ou de "beleza". E vale também, embora a comprovação se torne muito mais difícil, para a experiência religiosa.

É claro que mencionar a "experiência" introduz o tema numa das questões mais difíceis do pensamento; mais ainda quando se trata da experiência religiosa. Aqui, no entanto, não precisamos entrar em detalhes, pois — ao contrário do que acontece, por exemplo, no diálogo com o ateísmo — o diálogo entre as religiões só tem verdadeiro sentido se partirmos do reconhecimento de que essa experiência é possível e existe.[23] O problema concreto em relação ao diálogo é outro: como toda experiência é sempre *interpretada*, a dificuldade está em examinar o maior ou menor acerto na interpretação que cada religião faz da experiência "comum" ou, mais exatamente, da oferta que a realidade faz aos humanos nesse âmbito específico, ou seja, na "dação religiosa" do real.

E assim chegamos à segunda conseqüência: o critério não pode ser dado de antemão, já que o mesmo não pode existir fora da própria experiência, a qual só pode validar-se a si mesma no encontro com a realidade. E isso significa que, quando se coloca o problema radical de sua verdade, não se pode aplicar uma lógica já feita, com um critério externo à própria experiência e previamente estabelecido. Trata-se, por necessidade, de uma "lógica do descobrimento", do acerto em detectar e interpretar a oferta da realidade que se mostra nessa experiência.

## 1.3. O humanum *como critério constitutivamente aberto*

As discussões entre historiadores e fenomenólogos demonstraram que isso não significa que a questão fique reduzida a um intuicionismo ingênuo.[24] Por sua vez, as diferentes "heresias fenomenológicas", começando pelas de Heidegger e Lévinas, mostraram que tampouco se trata de um puro intelectualismo, como na realidade postulava já o próprio Husserl com aquilo que ele mesmo qualificou de "princípio de todos os princípios": que *toda* experiência originária — seja de que tipo for, não só a científica ou empírica — tem o mesmo direito do que qualquer outra de ser reconhecida em sua legítima verdade.[25] Isso significa considerar seriamente que as distintas experiências se realizam no encontro entre a polifonia do real, sem excluir nenhuma voz de sua múltipla e diferenciada riqueza, e a igualmente polifônica capacidade de acolhida presente na totalidade da realidade humana.

Ora, falar da experiência nesse sentido profundo e abrangente equivale a falar da realização da vida humana como tal, a qual será verdadeira e autêntica à medida que o forem as suas experiências, isto é, à medida que se produza a articulação adequada entre a oferta real e sua justa assimilação subjetiva. No alcance dessa articulação é que se reconhece e se "verifica" a verdade de toda experiência.

Nesse sentido, e com as especificações que farei a seguir, creio ser possível resgatar para o diálogo das religiões um critério proposto, dentre outros, por Hans Küng[26] e Claude Geffré:[27] a promoção do autenticamente *humano*. Porque a convicção religiosa, como toda convicção verdadeiramente importante, só é verdadeira e aceitável se ajudar na realização autêntica das pessoas, e à medida que o fizer. De fato, quando por convicção crítica e pessoal — não por simples tradição ou mera rotina — alguém aceita uma religião, o faz porque de maneira mais ou menos explícita, mas muito real, percebe que nela encontra o melhor modo de realizar-se nessa última dimensão da sua existência.

Contra esse critério objetou-se com um duplo argumento: ou porque desse modo "se converteria a teologia das religiões numa dependência da antropologia de cada época",[28] ou porque "termos tão fluidos como 'sabedoria' e 'autenticamente humano' se beneficiam do fato de pertencerem a todas as religiões, sem definir nenhuma de maneira exclusiva".[29] Trata-se certamente de objeções sérias. Na realidade, porém, tais objeções somente serão válidas caso se refiram ao *humanum*[30] como um conceito já plenamente adquirido e claramente definido.

Não o são se levarmos em conta que o *humanum*, enquanto esforço e projeto de realização a mais plena possível, nunca é adquirido nem definido totalmente, mas está sempre num movimento de construção e exploração de novas possibilidades. Trata-se de um conceito *constitutivamente aberto*. A verdade de uma proposta consiste justamente em que sua descoberta combine com as possibilidades verdadeiras, e a comprovação do acerto ocorre não só pela coincidência com aquilo que já se é mas também pelo *novo* que na própria proposta se percebe e se experimenta em termos de melhoria, de ampliação ou de crescimento. Como todo processo de descoberta, não pode contar com cartas já dadas e perfeitamente abertas; todavia, tampouco se faz às cegas. Trata-se de uma aventura razoável, mas que tem sempre como constitutivo essencial uma aposta no futuro, uma abertura para um horizonte inesgotável.

Por isso em toda origem religiosa verdadeira há *re-velação* e des-coberta, porquanto a inspiração religiosa do revelador consegue ver na opacidade do real uma nova possibilidade que se reconhece como verdadeira, pois "salva" e plenifica. Por isso também, como já o sugeri falando da revelação como "maiêutica", uma revelação é aceita porque o ouvinte, ajudado pela palavra externa, reconhece nela algo que responde ao íntimo do seu próprio ser e da sua própria aspiração. E por isso, enfim, não há espaço para seguranças infalíveis nem pretensões *a priori*; o que há, unicamente, é uma busca aberta e uma exposição crítica, mas limpa e sincera, daquilo que se lhe propõe como verdadeiro.

Trata-se, portanto, de um critério concreto, enquanto radicado na experiência, mas que impede toda absolutização por não se converter em critério delimitado e empírico. A ponto de a sua abertura exigir que se façam alguns esclarecimentos importantes, pois se poderia pensar que equivaleria a estabelecer uma espécie de *auto-suficiência* que começa do zero, ou então um *relativismo*, bem na moda, que tudo apresenta ao gosto do cliente.

Não é isso de modo algum. Com relação ao primeiro aspecto, é claro que toda pessoa, ao se confrontar com uma oferta nova, conta já com uma herança criticamente assimilada que lhe fornece elementos importantes de critério; ninguém, por exemplo, aceitaria hoje uma religião que propusesse sacrifícios humanos ou que pretendesse legitimar a escravidão; e já Kant — nisso mais lúcido do que Kierkegaard — usava a norma moral como critério negativo para julgar a verdade do religioso; por isso, com toda razão, rejeitava a leitura literal do sacrifício de Isaac.[31]

Maior dificuldade há no segundo ponto: como se livrar do relativismo ou inclusive do simples capricho, no momento de reconhecer a verdade ou falsidade de uma determinada oferta. O perigo existe e é real. Mas tal perigo existe para *toda* oferta, em *qualquer* campo do especificamente humano. Por isso a solução não está em fugir dele, abstendo-se de julgar ou conformando-se com o "vale-tudo" de um pluralismo indiferenciado. Também não se acha a solução encastelando-se numa atitude empirista que exija critérios externos, alheios ao âmbito específico (como diria Wittgenstein, exigir que sejam aplicadas as regras de xadrez quando se joga damas). A única saída verdadeira é a que constitui o risco e a glória de todo o humano: expor-se transparentemente à oferta, esforçando-se para "reduzir" preconceitos teóricos ou interesses egoístas, para tentar descobrir *se* e *em que medida* uma determinada oferta responde ao chamado autêntico do próprio ser — de pessoa-em-comunidade — e lhe abre possibilidades verdadeiras e fecundas.

(Seria interpretar mal o que eu digo se isso fosse lido como uma mera "funcionalidade" do religioso para fins puramente pragmáticos. Ao verdadeiramente humano pertencem também — e de modo muito prioritário — o amor, a gratuidade, o agradecimento, a acolhida, o arrependimento... e inclusive a adoração, se, como acontece com a experiência do Santo, é isso o que postula o verdadeiro ajuste da própria autenticidade com as características da realidade que se "dá".)

A necessidade do diálogo entre as religiões nasce justamente diante da diversidade das ofertas. Toda pessoa que aspira a uma vivência madura e personalizada da experiência religiosa precisa confrontar-se, em algum momento de sua vida, com a pergunta sobre a verdade da interpretação — da religião —

que recebeu; e hoje dificilmente poderá fazê-lo sem levar em conta *também* a oferta interpretativa que chega até ele proveniente de outras religiões. É nesse momento que aquilo que era assunção de fato e *a priori* se converte em questão de direito e tentativa de conclusão *a posteriori*. A opção que se fizer será então — nesse sentido estrutural e de princípio — fruto do diálogo, pois só à medida que uma proposta for percebida como acertada (lembre-se: nunca na totalidade dos seus pontos) se poderá assumi-la crítica e honestamente como própria.

Por essa razão o diálogo, como toda tentativa de avanço humano, comporta algo de risco e de aventura. Sem excluir nem mesmo a mudança na convicção inicial — a "conversão" a uma religião distinta — ou inclusive o abandono agnóstico ou ateu; esse é o preço, mas também a glória, de nossa liberdade finita. O realismo ensina que, normalmente, não se abandonará a própria convicção; todavia, pelo menos se o diálogo tiver sido honesto, esta se converterá numa convicção mais ampla, mais crítica e mais acolhedora.

Como se pode ver, os esclarecimentos feitos devem permanecer como pano de fundo hermenêutico para interpretar a tomada de posição diante dos problemas concretos. Mesmo assim, prefiro adiantar um último esclarecimento que, intimamente entranhado na autocompreensão cristã, ainda reveste-se de um certo caráter prévio em relação ao que vem depois.

## I.4. Sentido fundamental da "culminação" em Cristo

Sinalizar o critério, sobretudo em se tratando de um critério constitutivamente aberto, não determina *a priori* onde está a ponta do avanço. De fato, cada religião "tem a impressão de estar no centro do mundo do sentido, tendo todas as demais crenças distribuídas ao seu redor".[32] Tal é, de resto, o significado óbvio de professar *uma* religião determinada: ela é admitida porque é considerada a mais adequada, ou ainda que seja somente a menos inadequada. Por conseqüência, *em linha de princípio*, no encontro com a outra há lugar somente para o diálogo paritário, em que inicialmente todas as religiões se apresentam em pé de igualdade.[33] Só sobre essa base é que se torna lícito e realista o esforço por mostrar as *razões* da própria crença e o modo em que são concebidas as relações com as demais. Nessa perspectiva é muito importante insistir no significado da *autocompreensão* da universalidade cristã.

Essa visão das coisas apóia-se na convicção de que a revelação divina, presente em toda a história humana, alcançou em Cristo a plenitude definitiva; deve ficar claro, porém, que essa plenitude refere-se não a todos os detalhes mas tão-somente às *chaves fundamentais*.[34] O que significa confessar que a livre decisão divina de se comunicar totalmente e sem reservas à humanidade encontrou em Cristo a máxima recepção *possível* nos limites de uma concreção histórica. Ele se mostrou capaz de experimentar em sua radicalidade fundamental a presença ativa de Deus e de acolhê-la na entrega total de sua liberdade. Em sua unicidade histórica, constitui, por conseguinte, o ponto culminante e insuperável desse processo — presente e operante em *todas* as religiões — pelo qual o homem, enquanto ser emergente que se realiza na história, alcança a realização última na descoberta e na acolhida do Deus que se revela a ele e o salva.

É evidente que, com tais afirmações acerca da revelação em Cristo, estamos expressando com outras palavras nossa *fé* em sua "divindade". Recorrer à "fé", no entanto, não pode significar, sem mais nem menos, uma espécie de fuga rumo à afirmação arbitrária, alheia à responsabilidade intelectual. Deve ser, ao mesmo tempo, um modo de tentar "compreendê-la" e, por isso mesmo, de tornar explícitas e de algum modo universalizáveis as suas razões.

Isso é muito mais importante do que parece. De acordo com aquilo que foi anteriormente estudado, não se pode considerar pressuposta essa compreensão, pois muitos modos de apresentá-la tornam impossível um diálogo que deveria contribuir, pelo contrário, para elaborá-la. Ao atrever-se a falar de culminação em Cristo, a afirmação crente precisa deixar-se confrontar com os dados da história, pois neles se apóia sua "razoabilidade" humana.

E isso obriga a se remeter à *proposta objetiva* feita por Jesus, isto é, *ao que* se revela nele através de sua palavra, de suas obras e de seu destino.

O diálogo precisa fazer um esforço para mostrar as razões pelas quais essa proposta é a proposta que, *a partir de si mesma*, sugere sua insuperabilidade. Deve, portanto, responder às seguintes perguntas: Pode-se pensar, ao longo da história humana, outra proposta superior à que — na conseqüência radical de sua palavra e dè sua conduta, de seu viver e de seu morrer — fala de um Deus pessoal que "é amor" sem limite e perdoa sem condições, que "faz surgir o seu sol sobre bons e sobre maus" (Mt 5,45) e "quer que todos sejam salvos" (1Tm 2,4); um Deus que como *Abbá*, "Pai-Mãe", suscita uma atitude religiosa de confiança filial nele e promove uma ética de serviço aos outros, sobretudo aos mais necessitados, bem como uma atitude de amor a todos, inclusive ao inimigo?

Observe-se, todavia, que a aceitação da "insuperabilidade" sugerida por essas perguntas não deve ser concebida de uma forma excludente, como se só nesse ambiente pudesse ocorrer, e como se "fora" não existisse *nada*. O que se pretende sugerir, isto sim, é o contrário: justamente por ser *culminação*, pressupõe que — em modos, em graus e por caminhos distintos — sua presença se dê também em outras religiões. O que aqui se reconhece — e *por isso* a opção por ser cristão — é tão-somente o lado coerente, integral e definitivo da proposta realizada e oferecida. Sem excluir sequer que, nos aspectos concretos e particulares, se possa e se deva aprender com as demais religiões.

A aceitação tampouco significa que essa proposta nasça do nada, na verticalidade de uma verdade caída isoladamente do céu. A revelação acontecida em Jesus de Nazaré tem historicamente sua base muito real e indispensável naquilo que ele próprio herda e recebe de fora. Acima de tudo, na tradição do seu próprio povo, como o demonstra o acento da pesquisa atual sobre o seu caráter judeu.[35] Tradição que, por sua vez, conta com a enorme contribuição das demais religiões do entorno, a tal ponto que, como sabemos sobretudo a partir do impacto da Escola Histórica das Religiões,[36] seria inexplicável sem aquelas. Enfim, Jesus recebeu influências de seus próprios contemporâneos, sobretudo através da profunda impregnação religioso-cultural do helenismo — na Palestina e fora dela —, que prosseguirá em seus seguidores imediatos.

Acrescentemos, para concluir, que falar de culminação não significa, de forma alguma, que o que nela é proposto fique "em poder" dos cristãos, ou que eles a realizem à perfeição. Precisamente por ser culminação *humana*, a proposta ultrapassa toda figura particular, que está sempre em pobres "vasos de barro" (2Cor 4,7), constituindo-se, por conseguinte, num chamado e num desafio para todos. Inclusive para os cristãos.

## I.5. Transição: necessidade de novas categorias

Não é fácil levar a sério esses esclarecimentos fundamentais e deles extrair todas as conseqüências. A situação histórica atual pressupôs uma revolução de tal monta na relação mútua entre as religiões, e o problema se tornou tão novo e tão profundo, que, em minha opinião, não dispomos ainda de meios capazes de responder ao seu desafio. Além do mais, nunca é cômodo romper os velhos moldes para reconfigurar num novo contexto a experiência de sempre. Mas é preciso tentar.

Nesse sentido, atrevo-me a propor três categorias de certo modo novas:

1) universalismo assimétrico;

2) teocentrismo jesuânico;

3) inreligionação.

Categorias novas, mas só de um certo modo, pois na realidade são respostas a uma sensibilidade amplamente estendida. Minha esperança é que o dar nomes concretos a algo que de certa forma já se encontra no ambiente talvez possa contribuir para a abertura de espaços um pouco mais amplos para o diálogo, para a comunicação e para o encontro. A exposição, em seu esforço por manter a continuidade e a coerência do discurso, nem sempre poderá evitar a repetição de certas idéias. Vamos esperar que, pelo menos, possam ter a vantagem de recordar sinteticamente aquilo que foi alcançado até o momento.

## 2. "Universalismo assimétrico" e "plenitude" cristã

A necessidade de dar atenção à relevância atual do pluralismo fez com que, na exposição anterior, já se tenha dito muito daquilo que esta seção tenta expor. O propósito, agora, é tentar uma exposição mais concreta e sistemática.

### 2.1. Dificuldade e sentido da categoria

Renunciar ao pluralismo estrito só se pode fazer hoje com "temor e tremor", precavendo-se das falsas conseqüências de uma renúncia que pode acabar traduzida sob os módulos da concorrência e da possessão excludentes. Tentação universal, de resto, como já o sugerimos. De fato, "em toda fé e convicção religiosa há sempre o risco, e um risco real, de absolutizar o relativo", afirma muito bem Jacques Dupuis.[37] "Essa pretensão é comum praticamente em todas as religiões", acrescenta Raimon Panikkar.[38] Nenhuma religião, nem mesmo as comumente proclamadas tolerantes, como é o caso do hinduísmo, estão livres desse perigo:

·Entretanto, a "inclusividade" do hinduísmo se traduz muitas vezes e paradoxalmente numa pretensão de superioridade, pois, na visão de seus defensores, as religiões proféticas são destituídas do vasto horizonte de consciência que fundamenta a visão pluralista do hinduísmo. A tolerância professada pode levar, quando é reivindicada unilateralmente, à intolerância.[39]

E não se pode negar que no caso do cristianismo, devido à sua confissão do caráter absoluto e definitivo da revelação acontecida em Cristo, o problema adquire uma dificuldade muito peculiar e intensa. A nova compreensão da revelação e da plenitude cristãs, tal como a expusemos acima, encontra-se por conseguinte numa espécie de dilema: o exclusivismo se torna evidentemente insustentável, mas um universalismo indiferenciado tampouco satisfaz. A saída inclusivista indubitavelmente tem grandes vantagens, mas não dá conta das exigências legítimas do pluralismo.

Os apressados nivelamentos que falam com demasiada facilidade do "mito" da unicidade não são superados falando-se, por sua vez, do "mito" do pluralismo, pois isso equivale a contestá-los com uma mera reafirmação das categorias anteriores. Assim, por exemplo, Wolfhart Pannenberg tem toda a razão, a meu ver, ao se opor ao forte desvanecimento a que a teologia de John Hick submete a figura única de Cristo; mas em sua contestação — ele, que soube como poucos abrir o conceito de revelação à universalidade religiosa e renovar "a partir de baixo" as categorias cristológicas — nada mais faz do que repetir as afirmações neotestamentárias; ou seja, recorre justamente às categorias do mundo *cultural* que foi completamente superado pela nova situação.[40]

Repitamo-lo: o que há de justo na instância pluralista parece ser, hoje, muito difícil, para não dizer impossível, de se esquivar. Por isso mesmo exige que, de alguma forma, se lhe dê resposta. O problema está em alcançar um equilíbrio que tente liberá-lo de suas aporias. Nesse sentido alguém chegou a falar inclusive em "pluralismo suave" *(soft pluralism)*,[41] a fim de evitar essas conseqüências extremas. Na busca de uma maior exatidão, e procurando dentro do possível um equilíbrio mais claro, apresento a seguir a proposta da categoria nova que denominei *universalismo assimétrico*.

"Universalismo", porque toma como base primordial e irrenunciável uma dupla convicção: a) que em seu nascimento e desenvolvimento histórico todas as religiões são *em si mesmas*, e não por simples contato externo, caminhos reais de revelação e de salvação; e b) que o são porque expressam *da parte de Deus* sua presença universal e irrestrita, sem favoritismos nem discriminações, posto que desde a criação do mundo "quer que todos sejam salvos" (1Tm 2,4). Nessa perspectiva nunca seremos abertos o suficiente. Hans-Christoph Askani, comentando a generosa frase de Simone Weil de que "cada religião é a única verdadeira",[42] diz algo que merece ser meditado:

> A reivindicação da verdade numa religião não tem, portanto, a mesma significação que tem na filosofia. Neste último caso, a reivindicação implica e exige a confrontação e o diálogo entre as filosofias. Na religião, no entanto, há uma maneira de sentir-se obrigado e de se comprometer (de se lier) que é tão forte, tão extrema, tão única, que cada comparação seria, por isso mesmo, uma indiscrição profunda.[43]

Entretanto, sem excluir uma vírgula desse tão formidável respeito, impõe-se denominá-lo "assimétrico", porque é impossível ignorar o fato das diferenças reais nas conquistas das diferentes religiões; não porque Deus discrimine, mas porque por parte do homem a desigualdade se torna inevitável. Não — e repitamos isso mais uma vez — porque se trate de um "desígnio" de Deus, que escolheria e privilegiaria algumas pessoas, culturas ou nações em detrimento de outras; mas porque isso é imposto pela constitutiva desigualdade da finitude criatural. A oferta divina, enquanto amor irrestrito e "sem acepção de pessoas" (Rm 2,11), é igualitária; mas sua acolhida humana se realiza, forçosamente, de maneira e em graus distintos, segundo o momento histórico, a circunstância cultural ou a decisão da liberdade.

Isso ocorre já no processo religioso da vida individual: Não procuramos todos amadurecer, purificar e aprofundar nossa relação com Deus? E ocorre também na história de cada religião: Não é essa a razão pela qual o cristianismo, tal como da Igreja a tradição sempre disse, é uma *religio semper reformanda*, uma "religião em clima de contínua reforma"? Ora, não poderia ser diferente no relacionamento das religiões entre elas: sendo todas verdadeiras, nem todas têm igual profundidade. Embora reconhecendo carências, deformações e defeitos em todas, não seria realista ignorar que existem religiões que, inclusive julgadas em *sua* estrutura conjunta e embora prestando atenção à *sua* circunstância, apresentam-se objetivamente menos exitosas. De sorte que não é injusto pensar que já existem na história das outras religiões formas, elementos ou aspectos que, se fossem acolhidos, as tornariam mais plenas.[44]

Esse realismo, que pede um particular respeito pelas demais formas de realização e que inclusive convida a vê-las como uma riqueza a ser partilhada, deve, contudo, precaver-se contra um "préjuízo" enormemente estendido. Buscar o encontro e a compreensão não pode ser confundido com a busca do *mínimo denominador comum* entre as religiões. A rigor, e de forma inevitável, isso equivaleria a privilegiar aquele que conquistou menos, com o conseqüente empobrecimento do conjunto. Seria como definir o *autenticamente* humano de modo que em sua definição fossem incluídas também todas as deficiências e deformações que, de fato, ocorrem na realidade (entenda-se bem o sentido da comparação: não estou afirmando que somente fora do cristianismo estas podem ocorrer). O respeito verdadeiro está não em retroceder em relação ao que já se conquistou, mas sim em propô-lo daí para frente, de modo que todos tenham também a oportunidade de alcançá-lo.

É significativo que já Husserl, fazendo eco ao livro *O santo* de Rudolf Otto e não escondendo seu entusiasmo por ele, mostra algumas reservas. Dentre elas, numa carta a Wilhelm Dilthey, ele diz expressamente que "podemos medir os 'fatos' das religiões históricas tanto diante dos 'ideais' emergentes na experiência religiosa quanto diante da experiência no contexto da religião".[45] Ou seja: a submissão fenomenológica aos fatos religiosos pede também, por si mesma, que seja medida a justeza de sua adequação à realidade que neles se manifesta.

## 2.2. Assimetria não é absolutismo

As palavras enquanto tais não resolvem os problemas. Mas a palavra "assimetria", por si mesma, implica que se pressupõe um fundo homogêneo e comum de verdade, o qual, justamente por isso, permite a distinção no modo e na medida de sua configuração em cada religião particular. Isso ficou bem evidente na insistência em que todas as religiões são "verdadeiras".

Deve-se acrescentar a esse dado uma outra insistência: a de que, a essa altura, jamais devemos ver "nossa" religião como possessão própria; nem, muito menos, julgar as demais como simples caminhos em direção a ela. Todas, incluída a nossa, apresentam-se, em sua essência mais íntima, necessitadas de aperfeiçoamento e *descentralizadas extaticamente* em vista do comum referente *real*.[46] As vemos formando como que um imenso leque de tentativas exploratórias que, partindo de instâncias distintas e por caminhos diversos, convergem para o Mistério que as sustenta, atrai e supera, ou seja, fragmentos diferentes nos quais se difratam sua riqueza inesgotável. Cada uma o reflete à sua maneira e a partir de uma situação particular.

Todavia, por serem fragmentos na captação de um mesmo Mistério, não podem ignorar-se entre si, mas devem somar os reflexos: dando e recebendo, cada um crescerá em si mesmo e se sentirá mais unido aos outros. Isso não garante — nesse aspecto insiste Christian Duquoc[47] — que se consiga chegar a uma integração total; mas defende, isso sim, que a acolhida da verdade oferecida pelas demais religiões, tanto quanto a oferta da própria verdade, faça parte indeclinável da busca; seria monstruoso pensar que a riqueza do outro me empobrece, tanto quanto seria intolerável pretender açambarcar como privilégio próprio o que pertence a todos. Outro problema é o perguntar-se até que ponto é possível proceder desse modo.

O problema do *caráter absoluto do cristianismo*, como se denomina costumeiramente, apresenta-se assim em toda sua agudeza, mas conta também com as possibilidades do novo clima. Começando pelo fato de fazer-nos ver que, desde já, se trata de uma pretensão enorme. Tão enorme que só se torna tolerável explicando-se com muito cuidado essa palavra[48] ou, melhor, como faço aqui, renunciando a ela e substituindo-a por *plenitude*. E, ainda assim, unicamente se pode fazê-lo como *confissão* humilde e solidária de quem crê ter descoberto algo que Deus quer revelar e entregar a *todos*. Confissão que não deve por isso mesmo ser calada, mas que exige o esforço para aclarar seu significado autêntico, eliminando-se toda pretensão de domínio e de conquista.

Torna-se evidente que, como em tudo o que é concreto e histórico, também no mundo religioso a descoberta acontece num ponto, mas seu destino é universal; ou seja, no mesmo instante em que ocorre deixa de ser possessão e passa a ser percebida como *responsabilidade e encargo*. Dom que busca realizar-se — identicamente — na acolhida própria e no oferecimento aos demais. Não como imposição, mas como oferta; não para suplantar, mas para completar. Nem sequer como bem particular que se concede aos outros, mas como herança comum enfim descoberta, a ser compartilhada na promessa de um futuro mais pleno.

Mesmo assim, a plenitude deve ser entendida com suma cautela e com vigilante modéstia, não só a partir da atitude subjetiva mas também a partir do seu *lado objetivo*. Antes de mais nada deve ser especificado o significado imediato da palavra no novo contexto.

*Plenitude* não pode significar, vamos logo afirmando, nada semelhante a "onicompreensão", como se uma religião determinada, por mais elevada que fosse, pudesse abarcar o Mistério; o tesouro pode ser precioso e insuperável, mas a acolhida humana será sempre deficiente e necessitada de completude, devido à limitada fragilidade dos "vasos de barro" paulinos. O que, conseqüentemente, significa também abertura real às possíveis riquezas e complementações que possam vir das mesmas.[49]

Nesse sentido se poderia falar de "inclusivismo recíproco", como o faz Robinson B. James, estudando Paul Tillich; só que, ao contrário do que ele pensa, não me parece possível responder afirmativamente à pergunta que se faz acerca da possibilidade de uma reciprocidade *au sens fort*, isto é, "segundo a qual cada verdade religiosa inclui a outra tão plenamente como aquela é compreendida por esta".[50]

Tampouco pode significar "fechamento" que paralise a história e acabe com o futuro;[51] pelo contrário, remete a uma plenitude dinâmica, na qual todo o processo anterior chega realmente a si mesmo e se abre às máximas possibilidades de sua vivência. Acontece o mesmo que num amor autêntico: atingindo sua culminação, não se detém, mas justamente entra no espaço da máxima plenitude e abertura aos outros; ou o mesmo que na vida: ao culminar evolutivamente na espécie humana, não morre, mas se abre ao espaço sem limites de sua intensificação no espírito e de seu intercâmbio na cultura.

## 3. "Teocentrismo jesuânico" e definitividade cristã

Reconhecer isso não impede que se confesse a "plenitude" e definitividade da revelação que nós cristãos afirmamos ter acontecido em Cristo. Mas exige que sejam buscadas — insisto — novas categorias para sua compreensão, o que supõe sempre um processo lento e difícil. Concretamente, creio que em relação a este ponto precisamos elaborar hoje uma difícil dialética que, por um lado, evidencie a imprescindibilidade de Jesus de Nazaré como pessoa *histórica* e, por outro, reconheça que, no fim das contas, o centro último é sempre *Deus*. Daí a proposta da categoria "teocentrismo jesuânico" como uma tentativa de juntar ambas as extremidades.

### 3.1. Importância constitutiva do "jesuânico"

A particularidade sempre tem algo de "escândalo". Quando, como no caso de Jesus, essa particularidade é confessada como definitiva, a tensão atinge o seu ponto mais alto: o "cristocentrismo" pode transformar-se, para muitos, em obstáculo insuperável. Se for mal-entendido, certamente se torna um obstáculo insuperável. E mesmo muito bem explicado, normalmente não escapa dos mal-entendidos, com conseqüências que podem se revelar insuperáveis. Uma atenção cuidadosa à nova visão crítica do processo da revelação na Bíblia, unida a uma consideração realista do diálogo atual entre as religiões, faz com que se tenha todo cuidado.

O desafio é de tal transcendência que, como bem observa Christian Duquoc, "implica uma reavaliação do ponto nodal do cristianismo: a cristologia".[52] E esclarece:

As teologias sossegaram por causa da evolução do pensamento contemporâneo, mas agora se confrontam com uma questão mais radical, embora menos imaginária e mais histórica: o caráter central de Cristo, expressão primeira da fé em sua unicidade reveladora e salvadora, questionada pela pluralidade religiosa, pela cisão judeu-cristã e pelas divisões internas. Este desafio histórico, não filosófico nem antropológico, constitui a base da elaboração cristológica proposta [na obra do autor].[53]

Embora seja muito complexo entrar numa discussão detalhada, que nem sequer me atrevo a abordar aqui, não me parece um bom caminho enveredar por soluções que se apóiem num recurso ao "Cristo cósmico" ou ao "Logos universal". Não pretendo negar-lhes toda possível legitimidade numa reflexão teológica de terceiro ou quarto grau, por assim dizer; creio inclusive que podem ajudar a tornar menos traumática para muitos a passagem para um novo paradigma na compreensão de todo o problema. Mas tenho a impressão de que não fazem justiça à densidade histórica e à transcendência ontológica do ocorrido em Jesus de Nazaré, nem preservam o universal caráter absoluto de *Deus*, tal como o vivia o próprio Jesus.[54]

Por isso, para que se entenda bem o peculiar caráter "teocêntrico" que estou tentando propor, parece-me conveniente começar acentuando a importância decisiva da pessoa histórica de Jesus. Decisiva porque, embora não se faça de Jesus o centro absoluto, o teocentrismo está tão intimamente unido a ele que para a confissão cristã não há lugar para uma possível separação nem para uma realização equivalentemente paralela em nenhum outro indivíduo — passado, presente ou futuro — da história humana. É isso que tento sugerir ao falar de teocentrismo *jesuânico*.

Também nessa questão Harvey Cox põe com energia os devidos acentos: a compreensão em relação ao pluralismo não pode prescindir da densidade histórica da figura de Jesus.[55] Nisso insiste com igual vigor a nova obra de Duquoc:

Os cristãos acham que em Jesus de Nazaré se encontra o destino de Israel, da humanidade e de cada um dos indivíduos que a compõem. A afirmação não perde nada de seu peso. O diálogo inter-religioso trouxe à plena luz o caráter provocador dessa crença cristã expressa de forma lapidar: Jesus Cristo é o Salvador de todos. Não se pode evitar o escândalo recorrendo a um Cristo do qual se elimina o lastro de sua história particular; pelo contrário, é preciso assumi-la, pois nela radica-se a sua missão universal.[56]

A extensão da mentalidade pluralista numa parte tão importante da sensibilidade religiosa atual indica que essa reserva, que para muitos certamente parecerá demasiadamente escassa, é vista por outros como excessiva. Por essa razão importa, acima de tudo, esclarecer o sentido desse "jesuanismo". Creio que a desconfiança pode ser dissipada se tal "jesuanismo" for compreendido, ou pelo menos for pressentido, em seu verdadeiro sentido. Na realidade, trata-se de *uma nova manifestação do problema da particularidade*. O que permite que se esclareça de imediato que, como já tive ocasião de insistir no momento adequado, isso não implica recorrer a favoritismos ou privilégios por parte de Deus, mas obedece a uma necessidade estrutural: não existe outra possibilidade de realização histórica. (É bom lembrar que, nesse sentido, distancio-me inclusive das expressões "voluntaristas" de uma particularidade não simplesmente inevitável, mas de algum modo querida por Deus "para...").[57]

Por outro lado, esclarece igualmente que a revelação de Cristo não se situa à margem das demais revelações. Pela emergência e pela intensificação, esta procede desse fundo comum que é a presença reveladora de Deus em todas as religiões. Seu ponto de partida é a experiência religiosa humana e nunca se coloca fora dela, embora não a deixe intacta; o que faz, com efeito, é captá-la de um *modo específico* e levá-la à sua *culminação*. Por isso, como já vimos, Jesus se conecta — e só assim ele próprio é historicamente possível — com a tradição de Israel e, através dela, com a de toda a humanidade. E por isso a missão cristã — apesar dos muitos pecados de sua história — sabe que chega sempre a uma casa já habitada pelo Senhor, pois o que faz é *oferecer seu modo*, novo e pleno, de compreender o Deus *único, comum a todos*.

O que acontece é que, em virtude da intrínseca historicidade de tudo o que é humano — outro nome da particularidade —, a culminação só pode realizar-se numa única pessoa. A revelação afeta a raiz mais profunda do humano, a realização última dos homens e mulheres, tal como se faz no *descobrimento* de sua relação viva com Deus. Por definição, *descobrir* aqui a realização última equivale a *realizá-la* na abertura da própria existência, pois no fim das contas consiste em tomar consciência da mesma.[58] Nesse sentido, Mário de França Miranda adverte com razão contra o perigo de reduzir a revelação a uma simples "manifestação" da "salvação".[59] Daí a ênfase na necessidade de levar muito a sério a densidade estritamente *ontológica* da revelação, que pessoalmente procurei expressar já no título da obra que está na raiz dessas considerações: "A *revelação* de Deus na *realização* do homem".

Naquele trabalho procurei mostrar também que nem sequer cabe aqui a categoria da "representação", usada com eficácia e muito sugestivamente por Schubert Ogden,[60] e sobretudo por David Tracy.[61] Ambos têm razão em insistir que a re-presentação não é uma mera possibilidade abstrata, como as "verdades atemporais" ou os "meros símbolos" do liberalismo.[62] Mas não estou certo de que eles a têm quando afirmam que tampouco deve ser a "atualização pessoal de possibilidades", no sentido de que não seria necessário que Jesus vivesse aquilo que ele "representa" para nós; ou seja, bastaria que fosse um "símbolo", tal como Martin Luther King, de "um modo de ser neste mundo", sem necessidade de que ele tivesse vivido essa possibilidade.[63]

Isso, de fato, é válido *se considerarmos pressuposto* o descobrimento dessas possibilidades. Mas o problema reside justamente nesse descobrimento originário. Porque, tratando-se da ultimidade humana, não há lugar para descobrimento — nem, por isso mesmo, de símbolo — sem realização, pois no processo de chegar ao extremo de si mesmo a partir da relação com Deus, o ser humano *só pode ver aquilo que vive*. Aqui a realização é a única a abrir a possibilidade: avançar *realmente* no descobrimento e na comunhão é o único modo possível de ser, *depois*, representação.[64]

Compreende-se logo que não se trata de polemizar com Tracy, cuja postura, por outro lado, é muito mais rica e específica do que esse diálogo possa sugerir.[65] O que interessa é sublinhar, por um lado, o *realismo* da aposta e, por outro, sua *necessidade* histórica, no mesmo sentido em que o abordei ao tratar da "eleição" (na realidade não são questões separadas). Não estamos diante da "lógica do privilégio", mas diante de uma espécie de "estratégia do amor". Se Deus quer entregar-se totalmente à humanidade, "deve" fazê-lo num ponto concreto da história, se pretendemos que esta seja real e não pura aparência. Mas por isso mesmo essa entrega será mal interpretada se não a virmos como *dom* para todos e que a todos é oferecida como *sua* possível realização.

Isso esclarecido, podemos ir adiante. Como cristão posso — e o faço com prazer — confessar minha convicção de que em Cristo a relação viva com Deus atingiu o instransponível e o insuperável, de tal modo que nele se tornam patentes para mim as *chaves definitivas* da atitude de Deus em relação ao mundo e da conseqüente conduta de nossa parte; a ponto de eu não poder pensar que seja possível ir além daquilo que foi por ele descoberto. Por isso confesso que, para mim, não existe um teocentrismo *pleno* que não inclua aquilo que foi revelado em Jesus de Nazaré, isto é, que não seja também *jesuânico*.

Comentando em chave simbólica e experiencial a passagem joanina da aparição do Ressuscitado à Madalena ("Subo ao meu Pai, que é vosso Pai, meu Deus e vosso Deus": Jo 20,17b), Juan Mateos e Juan Barreto esclarecem muito bem esse sentido para os cristãos:

> Essa experiência os fará conhecer Deus como Pai (17,3); será sua primeira experiência verdadeira de Deus. Não chamarão de Pai aquele que já acreditam ser Deus; pelo contrário: *irão chamar de Deus aquele que experimentaram primeiramente como Pai.* Não reconhecerão a ninguém mais do que àquele que manifestou na cruz de Jesus seu amor gratuito e generoso pelo homem, comunicando-lhe sua própria vida.[66]

Essa confusão não me impede de reconhecer a verdade presente em outros "teocentrismos" e inclusive de aprender deles determinados aspectos que enriqueçam o meu particular teocentrismo. O que não creio é que, no que se refere aos traços *fundamentais* do Deus revelado em Jesus, possam refutar qualquer um ou demonstrar que falta algum. Tal confissão, todavia, só posso fazê-la hoje com duas condições imprescindíveis.

A primeira: que esta feliz descoberta, pela qual a pessoa pode "vender tudo aquilo que possui" (Mt 13,44.46) chegando até a dar a própria vida, não é algo que se deva impor; pelo contrário, requer o respeito por todos aqueles que acreditam ter feito, em sua religião, uma descoberta igual ou semelhante. De fato, como dissemos, toda religião — inclusive as que parecem afirmar o contrário, como é o caso das orientais — se crê vitalmente única e plena; no fim das contas é isso o que representa nos fiéis a decisão de aderir a ela e a nenhuma outra.

A segunda: que, pela mesma razão, a convicção de cada um precisa ser apresentada como uma proposta aberta ao diálogo, ao contraste e à verificação. Não há lugar para decretos, nem pretensões *a priori*. Uma religião só pode aspirar ser atendida na justa medida em que, *a posteriori*, sua proposta se apresentar ao outro de forma a poder ser capaz de convencê-lo. Nem sequer deve ter qualquer outra aspiração: enquanto dom, não lhe é lícito ter outro interesse a não ser o de favorecer o seu possível destinatário, o que acontecerá *se, e somente se,* ele a perceber capaz de plenificar sua visão e abrir-lhe um novo horizonte de definitividade.[67]

Levadas a sério, essas condições exigem uma atitude complexa e cheia de matizes. Supõem, por um lado, uma clara e confiável afirmação da própria identidade, sem desvanecimentos nem irenismos, que a ninguém favoreceriam; e, por outro, a humildade de quem não se remete a si mesmo, nem sequer insiste demasiadamente no modo concreto de compreender a verdade descoberta, pois está consciente de que esse modo está permanentemente aberto para ser corrigido e completado com novos matizes, sem pôr *a priori* limite algum ao questionamento que venha de outra pessoa.

## 3.2. O específico do "teocentrismo" jesuânico

É precisamente aqui que se anuncia o outro pólo: a preeminência do teocentrismo. De fato, nessa necessidade de proceder *a posteriori*, o acento é deslocado — sem separar-se — da subjetividade do revelador para a objetividade do revelado. Expressando-o de forma muito concreta, aqui se mede em toda a sua grandeza, e, ao mesmo tempo, em toda a sua problematicidade histórica, a figura de Jesus de Nazaré. Com efeito, *para o diálogo*, a ênfase prioritária deve estar não em sua figura individual, mas em sua proposta reveladora e salvífica. É nela que deverão ser mostradas aos outros as razões da própria convicção, oferecendo-lhes assim a possibilidade de confrontar-se com elas, de discuti-las e de "verificá-las". Especificando um pouco mais: aquilo sobre o que o cristão no fim das contas apóia sua convicção é a experiência de Deus como *Abbá*, tal como brilhou e continua brilhando através das palavras e das obras, da vida, da morte e da ressurreição de Jesus. Essa é a glória e a aposta da proposta cristã.

Uma proposta que só pode confiar em sua própria força de convicção, algo sobre o qual insistiu com especial profundidade Hans Urs von Balthasar ao falar do caráter auto-evidente da "figura da revelação",[68] mas que, por isso mesmo, não é uma imposição arbitrária nem soberba; na realidade, sendo ela mesma fruto daquilo que propõe, sente-se autorizada a abrigar a humilde esperança de que *possa* produzir o mesmo efeito nos demais. Aquele que, através de Jesus, descobriu que "Deus é amor" (1Jo 4,8.16), isto é, que *consiste em amar e em suscitar amor*, tem motivos para pensar que, mesmo dentro dos limites de sua apresentação histórica, oferece algo no qual todos podem encontrar uma plenificação — não necessariamente uma refutação — de sua busca religiosa.

Apresenta, de fato, um Deus que, em seu amor, debruça-se sobre todos e todas, sem discriminação de nenhum tipo (nem mesmo dos maus e injustos: Mt 5,45); que perdoa sem condições e sem impor penas (já que, ao invés de castigar o filho dissipador, o abraça, o veste e lhe faz festa: Lc 15,22-24); que é incapaz de julgar e condenar (pois só aparece salvando e dando a vida: Rm 8,31-34); que ama e perdoa inclusive "quando nosso coração nos condena, pois ele é maior do que nosso coração" (1Jo 3,20); um Deus que, sendo "Pai/Mãe", só espera amor gratuito para com ele e suscita amor eficaz para os irmãos e irmãs, até o ponto de concentrar nisso toda "a Lei e os Profetas", ou seja, toda sua ação e intenção salvíficas (Mt 7,12; Lc 10,27-28).[69] Quando se descobre isso, só resta confessá-lo, partilhá-lo e deixar que a própria vida, e se fosse possível o mundo inteiro, sejam aos poucos invadidos e transformados por sua graça e sua glória.

Todavia, ao apresentar sua proposta neste novo contexto, o cristão se dá conta de que também a sua própria compreensão está sendo profundamente afetada. Como o que é proposto pelo Evangelho supera sempre a captação e a compreensão concreta ocorridas no tempo da história,

> [...] as religiões não-cristãs têm algo a oferecer, que pode muito bem ajudar os cristãos sinceros a descobrir novos aspectos do mistério de *Jesus Cristo*. Deve ser conhecida e reconhecida claramente a possibilidade de que determinados aspectos do mistério de Cristo possam ser experimentados por não-cristãos de uma forma mais profunda do que por muitos cristãos. O esforço em participar, mediante um diálogo adequado, na experiência religiosa dos não-cristãos pode ajudar os cristãos a aprofundar sua própria compreensão de um mistério cuja revelação autêntica lhes tenha sido presenteada.[70]

O que dissemos evidencia por si mesmo que já não se pode falar, sem matizes ou reservas, de simples "cristocentrismo". Frases como "não existe conhecimento de Deus a não ser em Jesus Cristo" podem ter sentido numa linguagem interna, de natureza imediatamente "confessional", que não tem a pretensão de ser uma definição objetiva, mas usa a linguagem do amor.[71] Todavia, a rigor, tais afirmações devem ser afastadas num diálogo que busca a exatidão, não só por serem psicologicamente ofensivas aos demais, mas também por serem objetivamente falsas, pois implicam a negação de toda verdade nas outras religiões, incluído o Antigo Testamento. O centro último e decisivo para todos — como, de resto, acontecia com o próprio Jesus — radica-se em Deus, o único absoluto.

Com efeito, Jesus — da mesma forma que Buda ou Maomé — não pregou a si mesmo; ele sempre se remeteu ao Pai: a Deus e ao seu Reinado. Jesus foi, sem sombra de dúvidas, "teocêntrico". Por isso insisto em que, no momento do encontro, o que deve ser apresentado de maneira primária e fundamental é a sua visão *de Deus*, que desse modo entra em diálogo com as outras visões e se deixa confrontar por elas. Partindo-se dessa perspectiva, a "revolução copernicana"[72] do pluralismo não o é tanto assim, e a "travessia do Rubicão"[73] não tem por que levar a uma conquista do poder; e menos ainda a uma batalha de vida ou morte; pelo contrário, seja qual for o resultado, deve-se buscar o abraço fraternal.

É claro que há um outro sentido em que a questão se torna mais sutil. A plenitude da revelação em Cristo para a compreensão cristã acaba introduzindo ele próprio, por identidade pessoal, no mistério por ele revelado. Não é o caso de se entrar agora num problema tão difícil. Lembremos, contudo, que esse sentido remete a Cristo *também* na qualidade de Ressuscitado, isto é, além de sua particularidade histórica. Pertence, portanto, às afirmações teo-*lógicas* de segunda ordem, que não têm nenhuma razão para entrar primeiramente no diálogo com os demais e que, uma vez introduzidas, estão profundamente abertas à reinterpretação.

Reinterpretação essa que poderá — e eventualmente deverá — ser muito profunda. Sem que isso signifique reduzir à pura "metáfora" o mistério da encarnação.[74] Entre a mera repetição de estereótipos tradicionais e a dissolução total, está a possibilidade do repensamento profundo: a partir das novas leituras do Novo Testamento, e depois de Hegel e do último Schelling, como o demonstram as novas cristologias, ainda resta um grande e apaixonante caminho a ser feito. Nesse sentido e nesse nível, tem razão John B. Cobb quando afirma que necessário não é o abandono sem mais nem menos mas sim "a mudança de um mau cristianismo para um bom cristianismo".[75]

Assim, pois, o diálogo das religiões obriga a revisar com absoluta seriedade o "cristocentrismo".[76] Todavia, por sua vez, essa revisão reverte sobre o "teocentrismo", que adquire também uma nova dimensão. O modo concreto, historicamente único, da proposta cristã induz uma certa bipolaridade, não porque nega a primazia absoluta de Deus, mas porque para o cristão essa primazia, em sua manifestação plena e definitiva, apresenta-se mediada de maneira indissolúvel pela pessoa de Jesus de Nazaré. Continua sendo verdade que "o Pai é maior do que eu" (Jo 4,14), mas também que "quem me vê, vê o Pai" (Jo 14,9).

É o que confessamos com a difícil expressão de sua "divindade". Não dispomos de nenhuma figura que torne imaginável essa relação; a "elipse" poderia servir, já que faz menção a dois pólos, mas não reflete a assimetria fundante de Deus no mistério de Jesus, o Cristo. Tampouco parece suficiente remeter-se a um "Cristo ou Logos universal ou cósmico", porque, como já tive ocasião de afirmar, em minha opinião esse enfoque não respeita o valor irredutível da unicidade histórica de Jesus.[77]

Por isso, muito embora em outro momento eu tenha falado de "teocentrismo bipolar", mesmo reconhecendo que a expressão era "tristemente desajeitada e quase-contraditória", hoje considero mais significativo falar de um "teocentrismo jesuânico". Parece-me, na realidade, que essa expressão aponta melhor tanto para o mistério do Pai, enquanto origem ultimamente fundante, quanto para a sua — em relação a nós — irrenunciável mediação no Evangelho de Jesus de Nazaré. Além disso, em relação aos outros, não prejulga em princípio seu direito de falar, se assim o crêem, de um teocentrismo diferentemente qualificado. Em todo caso, a expressão remete com certa clareza à misteriosa estrutura à qual se faz alusão, ao mesmo tempo em que é uma resposta à necessidade de nosso tempo em transição e em busca de novas categorias.

Torna-se evidente que aqui aparece o ponto crucial do diálogo. Aceitar como única e indissolúvel a união da pessoa de Jesus de Nazaré com Deus talvez só seja possível, *no presente momento*, numa cultura que atribua valor constitutivo à história. Pois só assim se torna pensável que *o fato* de no Nazareno se ter alcançado essa visão objetivamente insuperável de Deus[78] constitua também, *de direito*, o indício que permite reconhecer a unicidade de sua relação com ele.

E assim reintroduz-se o problema da história. Essa conclusão, de fato, só se torna pensável se a história não for concebida como um "mito" que deixe intacta a constituição íntima do real; concepção que, segundo Raimon Panikkar (se bem o entendo), constituiria o pressuposto nada menos do que de "dois terços da população mundial".[79] O que faz pensar, pois, em todo caso, indica o prenúncio de uma percepção que, inclusive para os que vemos na mentalidade histórica um avanço irrenunciável, deve ser levado em conta, deixando-se modificar e completar por ela.

## 3.3. Uma plenitude relativa e aberta

Creio que essa dialética entre o realismo je-suânico e a transcendência teocêntrica permite compreender a enorme flexibilidade de sua rea-lização histórica. Também neste caso a autocom-preensão cristã viu com clareza desde o princípio. A plenitude da qual se trata aqui não é uma pleni-tude disponível, nem sequer para o próprio *Jesus*. Porque ao destino pleno de Jesus e sua revelação pertencem também sua morte e sua ressurreição.

Enquanto ser humano, Jesus era limitado, e a revelação teve que ir fazendo nele o seu caminho. Também ele foi "receptor da revelação".[80] Dentro da história ele não podia viver na plena transpa-rência; de fato, os próprios evangelhos no-lo apre-sentam envolvido na busca e no questionamento até o último momento de sua vida ("Meu Deus, meu Deus, por que me abandonaste?": Mc 15,34 = Mt 27,46).[81] Somente através da ruptura dos limi-tes históricos através da morte ele pôde entrar na luz plena da ressurreição.

Por isso atrevi-me a dizer que "para os discípu-los e para o próprio Jesus a cruz foi a última gran-de lição no processo revelador".[82] Por isso Paul Tillich insistiu sempre em que sua morte rompeu os limites da particularidade, para tornar-se defini-tivamente universal através da ressurreição: "Jesus demonstra e confirma sua natureza de Cristo ao sacrificar-se a si mesmo como Jesus nos altares de si mesmo como o Cristo".[83] E por essa razão, como foi compreendido perfeitamente pela teologia atual e sublinhado energicamente por Wolfhart Pannenberg,[84] a ressurreição tem um significado *constitutivo* para o ser de Jesus e para o significado de sua revelação.

Isso, no entanto, possui um alcance extra-ordinário. Pois a ressurreição já faz parte do mistério absoluto de Deus, o que significa que a revelação de Jesus, tal como é entregue defini-tivamente à humanidade, se realiza numa difícil dialética de *pertença e não pertença à história*. Não pertença, porque o Ressuscitado "vai para o Pai", escapando radicalmente da nossa com-preensão adequada. Pertença, porque, apesar de tudo, "ele permanece", dando-se a conhecer a nós em nossa história e mantendo-nos aber-tos à plenitude em que agora ele vive.

E significa também *pertença* e *não pertença à Igreja*. Pertença, porque ela é a comunidade en-carregada — não existia outra possibilidade his-tórica — de manter viva sua lembrança e efetiva sua oferta. Mas também não pertença, porque aquilo que foi aberto pelo ressuscitado supera ela mesma, que por essa razão não o engloba nem o possui, e precisa reconhecê-lo como destinado *em igual direito* a todos os demais.

Compreender isso não foi fácil para a Igreja, porque o particularismo apropriador e excludente foi e será sua tentação perene, e ainda em seu começo a tentativa de superá-la — tenha-se presente todo o conflito subjacente ao Concílio de Jerusalém — esteve a ponto de dividir a comunidade primitiva. Ainda hoje, apesar de já se ter convertido num bem teológico comum a convicção de que "a Igreja não é o Reino", continua à espreita a tentação particularista de uma excessiva "eclesialização" do cristianismo, demasiadamente fechado em si mesmo, como uma instituição pouco maleável às exigências da missão, na pluralidade das culturas e das religiões; e com uma teologia pouco aberta à novidade da história, na atualização dos conceitos e das instituições.

Daí a tarefa infindável da experiência crente, apoiada por um lado na lembrança de Jesus e, por outro, voltada para a sua plenitude ressuscitada, nunca totalmente realizável dentro da história. Todo o Novo Testamento já é reflexo dessa dialética, que supõe uma entrega ao influxo da história, onde a consciência da revelação precisa se configurar continuamente. O que se conseguiu alcançar naquela primeira e fundante configuração é certamente fundamental e decisivo, pois a partir da experiência aberta por Jesus a Igreja neotestamentária tomou consciência de *todas as chaves decisivas* da relação Deus-homem e de suas conseqüências para a vida.

Mas notemos algo de importância capital para o nosso propósito. Como já havia acontecido com o próprio Jesus, na assimilação de sua mensagem por parte da Igreja, colaboraram, por necessidade intrínseca, todos os elementos ambientais. Não só toda a tradição religiosa de Israel — o que foi o mais decisivo — mas também a *filosofia grega*, que naquela época era, ela própria, profundamente religiosa (algo nem sempre levado em conta),[85] bem como as *tradições religiosas* que impregnavam a terra habitada (pense-se tão-somente nas religiões mistagógicas, sem entrar em discussões detalhadas).[86] Hoje, superada a concepção da "revelação como ditado", estamos muito conscientes do caráter *necessariamente interpretado* de toda a revelação bíblica; mais ainda, da pluralidade de "teologias" que a habitam, com a conseqüente mediação da cultura ambiental.

"Teologias" que, obviamente, poderiam ter sido muito diferentes se o Evangelho tivesse se estendido por outros âmbitos. Imagine-se, por exemplo, como seriam a teologia, a liturgia e também a dogmática *cristãs* se, em lugar de o cristianismo se propagar inicialmente pelo Império Romano, tivesse rumado em direção à Índia e à China. Continuariam sendo "as mesmas" — isto é, tradução da mesma experiência fundamental —, mas com toda certeza seria muito difícil perceber sua semelhança com as atuais.

Isso pode parecer uma história-ficção, e efetivamente o é enquanto possibilidade passada. Mas se torna história muito real nas circunstâncias atuais, quando o anúncio do Evangelho está chegando *de fato* a esses continentes e culturas. O experimento mental converte-se assim em consciência da enorme amplitude oferecida ao encontro das religiões, e deveria ser um convite a uma profunda mudança de mentalidade. Mas essa consideração abre o caminho para o capítulo final deste livro, que se ocupará do encontro concreto entre as religiões.

## Notas

[1] Em *La revelación,* pp. 333-335, ocupo-me também de outro tema sugestivo: A humildade de Deus: *cur tam infra?*. Lá sublinho que a universalidade se realiza "a partir de baixo", a partir da humildade e da despossessão, porque só assim se pode chegar realmente a todos os seres humanos nas condições da história.

[2] "[...] significa reconhecer, sem mais nem menos, que, neste campo, os gregos foram criadores, ou seja, deram à civilização algo que ela não tinha, e que, como veremos, se revelará de uma tal conseqüência revolucionária que mudará o rosto da própria civilização" (G. Reale, *Storia della Filosofia Antica.* Milano, 1984, v. I [*Dalle origini a Socrate*], p. 12; ed. brasileira: *História da filosofia antiga.* São Paulo, 1993, v. I [*Das origens a Sócrates*]).

[3] Cf. a discussão clássica desse ponto em E. Zeller, *Die Philosophie der Griechen in ihrer geschichtlichen Entwicklung.* 6. ed., Leipzig, 1919, v. I/1, pp. 21ss; atualizada em E. Zeller & R. Mondolfo, *La filosofia dei Greci nel suo sviluppo storico.* 2. ed., Firenze, 1943, v. I/1, pp. 35-63. G. Reale (op. cit., pp. 11-30) apresenta uma clara panorâmica que talvez minimize em excesso a contribuição oriental; cf., contudo, o que ele diz a propósito dos mistérios

(pp. 26-29), e também F. M. Cornford, *Principium Sapientiae. The Origins of the Greek Philosophical Thought.* Cambridge, 1952.

[4] A postura, tão reservada, assumida por Heidegger contra a técnica como configuração "moderna" do destino do Ser mostra justamente o reconhecimento dessa especificidade: cf. a tão citada conferência Die Frage nach der Technik, in *Vorträge und Aufsätze.* Pfullingen, 1954, pp. 13-44, assim como a menos citada, mas muito interessante, *Wissenschaft und Besinnung,* pp. 45-70. Ortega se ocupa dessa dialética — universalidade humana / peculiaridade moderna ocidental — com uma mais clara e imediata preocupação histórica em sua famosa *Meditación sobre la técnica* (1933), in *Obras Completas.* 6. ed., Madrid, 1964, v. V, pp. 317-375, principalmente 357-358; 371-375.

[5] Sobre os valores do pluralismo, insiste com energia e argumentos muito fortes J. M. Vigil, *Curso de teología popular sobre pluralismo religioso,* op. cit., lição 9, que merece ser lida com atenção.

[6] Cf. principalmente *An Interpretation of Religion.* London, 1989, pp. 236-251, em que o autor resume e aprofunda suas reflexões anteriores a respeito.

[7] Cf. ibid., pp. 241-246.

[8] Aqui não é o caso de entrar numa análise detalhada dos problemas epistemológicos implicados nessa observação, como também não passarei a discutir pressupostos tais como o influxo do *linguistic turn* ou de um possível pano de fundo pragmatista. Quem estiver interessado pode ver os estudos recolhidos em R. Schwager (ed.), *Der Streit um die pluralistische Religionstheologie.* Freiburg/Basel/Wien, 1966; e particularmente os de A. Kreiner, Philosophische Probleme der pluralistischen Religionstheologie, pp. 118-131; H. Vermeyen, Pluralismus als Fundamentalismusverstärker? pp. 132-139; J. Werbick, Der Pluralismus der pluralistischen Religionstheologie. Ein Anfrage, pp. 140-157 e H. Kessler, Pluralistische Religionstheologie und Christologie. Thesen und Fragen, pp. 158-173. Em relação ao próprio Hick, observe-se que essa postura não resulta coerente com o caráter nem com o "realismo religioso" que, diante dos posicionamentos "não-cognitivos", o autor defende na terceira parte (pp. 129-232).

[9] *An Interpretation of Religion,* p. 12. Ele não ignora, fique claro, as diferenças entre as religiões. Um trabalho deste autor (On Grading Religions, in *Problems*

*of Religious Pluralism.* London, 1985, pp. 67-87) coloca o problema a partir do próprio título; mas em relação às "grandes religiões" o autor só admite possibilidade de "gradação" dentro das mesmas, não entre elas. Sobre as críticas e suas respostas, cf. M. Aebischer-Crettol, *Vers un oecuménisme interreligieux. Jalons pour une théologie chrétienne du pluralisme religieux.* Paris, 2001, pp. 441-452; 470-480.

[10] *God Has Many Names*, p. 44; grifos meus.

[11] *An Interpretation of Religion*, p. 28. Dirá, ainda, mais adiante: "Mas seria arriscado assumir que a vida humana está mais verdadeiramente centrada no Real [o grande critério de Hick para a elevação religiosa] na nova fase individualista [pós-axial] do que em sua antecedente fase comunal" (p. 164).

[12] O que é, de resto, simples realismo ou sentido comum. Na tarde em que eu pela primeira vez escrevia sobre o tema, estive falando com uma missionária no Zaire; o carinho por aquela gente, à qual ela havia entregue sua vida, e o respeito por sua religião não a impediam de ver quão assustadoramente opressivas eram grande parte de suas crenças tribais. Talvez, naquelas circunstâncias concretas, tais crenças representem o modo mais natural de integrar o sentido de sua existência. Mas qualquer pessoa pode compreender que a tentativa — respeitosa e dialogante — de ajudá-los a melhorar o conjunto supõe um *avanço* objetivo. Afirmar que tudo deve continuar como antes, porque a sua religião é igualmente válida, pode, *teoricamente*, parecer uma atitude muito aberta e generosa; *na realidade*, no entanto, poderia ser um autêntico escárnio.

[13] *God Has Many Names*, p. 48; grifo meu.

[14] *La revelación*, pp. 318-324.

[15] Aspecto bem sublinhado por H. Kessler (Pluralistische Religionstheologie und Christologie. Thesen und Fragen, in R. Schwager [ed.], *Der Streit um die pluralistische Religionstheologie.* Freiburg/Basel/Wien, 1966, pp. 165-166): "Da parte de Deus, a revelação não está possivelmente *[möglicherweise*: uma reserva que me parece injustificada] limitada; Deus quer revelar-se e salvar todas as pessoas humanas, [...] e a revelação pode, apesar de tudo, não ocorrer ou ocorrer de maneira rompida e distorcida. [...] Aos pluralistas deve-se perguntar se éles dão uma atenção suficiente a esse aspecto da

realidade humana [a saber, que a vida das pessoas não é só acolhida e testemunho de Deus, mas que é também o seu completo oposto: egoísmo angustiado, rivalidade, mediocridade, corrupção etc.]".

[16] Nesse sentido é instrutivo o trabalho citado de H. Verweyen, Pluralismus als Fundamentalismusverstärker? in R. Schwager (ed.), *Der Streit um die pluralistische Religionstheologie.* Freiburg/Basel/Wien, 1966: sem chegar a acusação alguma de fundamentalismo, essa restrição (obrigatória) às "grandes religiões" sugere que uma excessiva indiferenciação nem sempre conduz a uma abertura efetiva.

[17] De fato, a primeira parte (pp. 21-69) de *An Interpretation of Religion* constitui uma excelente exposição desse avanço global.

[18] *Teologia a caminho. Fundamentação para o diálogo ecumênico.* São Paulo, Paulinas, 1999, pp. 272-274 (é o título da seção).

[19] Idem, p. 269.

[20] J. J. Tamayo, por exemplo, enumera os seguintes: "A 'verificação ética' e a 'racionalidade filosoficamente demonstrável' (W. James), a atuação global e suas conseqüências práticas para a vida pessoal e para a convivência social (J. Dewey), a coerência teórica, a relação com o absoluto, a experiência religiosa interior, a proposta de um sentido último e total da vida, a transmissão de alguns valores supremos não submetidos às mudanças epocais, o estabelecimento de algumas normas de conduta de cumprimento obrigatório (H. Küng) etc. Todos eles são complementares" (*Fundamentalismos y diálogo entre religiones.* Madrid, 2004, pp. 138-139).

[21] Tema difícil, não muito explorado nem sequer na filosofia. Cf. uma boa informação em J. Martínez Velasco, El descubrimiento científico: innovación y racionalidad. *Pensamiento* 49, 1993, pp. 3-33. O Hegel jovem já faz profundas reflexões a respeito: *Creer y ser,* in *Escritos de juventud.* México, 1978, pp. 243-246; e desse texto um bom comentário é feito por P. Asveld, *La pensée religieuse du jeune Hegel. Liberté et aliénation.* Louvain, 1953, pp. 188-191.

[22] Sobre esse aspecto, em sua relação com o religioso, cf. A. Torres Queiruga, *La constitución moderna de la razón religiosa. Prolegómenos a una Filosofía de la Religión.* Estella, 1992, pp. 85-147.

[23] A bibliografia a respeito é enorme. Ofereço reflexões e informações em meu trabalho: La experiencia de Dios: posibilidad, estructura, verificabilidad. *Pensamiento 55*, 1999, pp. 35-69.

[24] A partir do protesto de R. Pettazzoni, insistindo que "ogni *phainómenon* è un *genómenon*, ogni apparizione presuppone una formazione, ed ogni evento ha dietro di sé un processo di sviluppo" (Introduzione alla storia della religione greca, in *Religione e società*. Bologna, 1966, p. 28; cit. por Ll. Duch, *Ciencia de la religión y mito*. Montserrat, 1974, p. 63), a discussão tem sido abundante. Cf. J. Martín Velasco, *Introducción a la fenomenología de la religión*. Madrid, 1978, pp. 58-66; Ll. Duch, *Ciencia de la religión y mito*, pp. 19-70; D. Allen, *Mircea Eliade y el fenómeno religioso*. Madrid, 1985, pp. 171-206.

[25] "Não há teoria concebível capaz de errar o alvo no princípio de todos os princípios: que toda intuição em que se dá algo originariamente é um fundamento de direito do conhecimento; que tudo aquilo que nos é presenteado originariamente (para dizê-lo assim, em sua realidade corpórea) na 'intuição' deve ser tomado simplesmente como ele se dá, mas também só dentro dos limites em que se dá" (*Ideen* I, & 24, Husserliana III, p. 74; ed. brasileira: *Idéias para uma fenomenologia pura*. São Paulo, 2006).

[26] *Teologia a caminho*, cit., pp. 274-280.

[27] *Croire et interpréter*, Paris, 2001, pp. 100-108.

[28] Comisión Teológica Internacional, *El cristianismo y las religiones*. Roma, 1966, n. 15; o argumento é recolhido por M. de França Miranda, *O cristianismo em face das religiões*. São Paulo, 1998, p. 23; cf. 22-23; 117-119.

[29] C. Duquoc, *El único Cristo. La sinfonía diferida*. Santander, 2005, p. 123; cf. 80; 122-126.

[30] De fato, Duquoc fala em algumas ocasiões de "unidade *conceitual*" (ibid., pp. 124; 127; grifo meu).

[31] "A título de exemplo pode servir o mito do sacrifício que Abraão, por mandato divino, queria levar a cabo imolando e queimando o seu único filho (além do mais, a pobre criança, de nada sabendo, carregava a lenha para o seu próprio

fogo). Abraão deveria ter respondido a essa pretensa voz divina: 'Que eu não tenho que matar o meu próprio filho é mais do que certo; mas que tu, que estás me aparecendo, sejas Deus, disso não estou certo, nem poderia estar, mesmo que essa voz ressoasse lá do céu visível'" (*Der Streit der Fakultäten*, A 103 Anm. [ed. por W. WEISCHEDEL]. 2. ed., Frankfurt a.M., 1978, XI, 333, em nota. A mesma idéia aparece em *Die Religion innerhalb der Grenzen der blossen Vernunft*, B 290-291; ed. cit., VIII, 861). Ocupo-me longamente dessa questão em *Do Terror de Isaac ao Abbá de Jesus. Por uma nova imagem de Deus*. São Paulo, Paulinas, 2001, cap. II. Por sua vez, J. A. MARINA (*Dictamen sobre Dios*. Madrid, 2001) elabora um enfoque semelhante, talvez mais radical; dialogo com ele em A. TORRES QUEIRUGA, Ética y religión: "vástago parricida" o hija emancipada. *Razón y Fe*, 249/1266, 2004, pp. 295-314.

[32] J. HICK, *God Has Many Names*, p. 119; cf. 54; 118-119.

[33] Esse é o mérito evidente da proposta de W. PANNENBERG, *Wissenschaftstheorie und Theologie*. Frankfurt a.M., 1973; mais concretamente: Erwägungen zu einer Theologie der Religionsgeschichte, in *Grundfragen systematicher Theologie*. 2. ed., Göttingen, 1971, pp. 252-295.

[34] Essa concepção fundamental é a que eu procurei expor em *La revelación*, principalmente nas pp. 273-285.

[35] A bibliografia sobre esse ponto é enorme: além das bem conhecidas obras de J. KLAUSNER, *Jesús de Nazaret*. Buenos Aires, 1971, e G. VERMES, *Jesús el judío*. Barcelona, 1977, cf. P. LAPIDE, *Ist das nicht Josephs Sohn? Jesus im heutigen Judentum*. Stuttgart, 1976; E. P. SANDERS, *La figura histórica de Jesús*. Estella, 2000; e a exposição sintética de H. KÜNG, *El judaísmo. Pasado, presente, futuro*, Madrid, 1994, pp. 297-380.

[36] Cf. as apresentações gerais de H. SCHLIER, Religionsgeschichtliche Schule. *LfThK* 8, 1963, pp. 1184-1185; J. HEMPEL, Religionsgeschichtliche Schule. *RGG* 3, 1961, pp. 991-994.

[37] *Rumo a uma teologia cristã do pluralismo religioso*. São Paulo, Paulinas, 1999, p. 516.

[38] *Jesús en el diálogo interreligioso*, in J. J. TAMAYO (ed.), *10 palabras clave sobre Jesús de Nazaret*. Estella, 1999, p. 461.

[39] J. Dupuis, *Rumo a uma teologia cristã do pluralismo religioso*, p. 402. Também Mário de França Miranda chama a atenção sobre esse ponto: "Deve-se observar que essa reivindicação não é unicamente característica do cristianismo, encontrando-se também em outras religiões que não sejam só tribais" (*O cristianismo em face das religiões*, p. 46, que remete a A. Pieris, The Budha and the Christ: Mediators of Liberation, in J. Hick & P. Knitter (eds.), *The Myth of Christian Uniqueness. Toward a Pluralistic Theology of Religions*. New York, 1987, pp. 169-173, e às palavras de Krishna no *Bhagavad Gita*, IX: "Os que adoram outros deuses com fé e devoção também adoram a mim, Ariuna, embora não observem as formas usuais. Eu sou o objeto de toda adoração, seu receptor e Senhor"). E não deixa de ter seu ponto de razão a apreciação de H. Küng quando afirma que "encontramos esse inclusivismo sobretudo em religiões de origem indiana", porque, "apoiando-se na experiência mística, pode-se reivindicar um 'conhecimento superior' para a própria religião"; por outro lado, diz: "Por paradoxal que possa parecer, uma variante desse inclusivismo pode ser encontrada também no cristianismo" (*Teologia a caminho. Fundamentação para o diálogo ecumênico*. São Paulo, Paulinas, 1999, p. 270; omito os grifos).

[40] The Problem of a Theology of the World Religions, in G. D'Costa (ed.), *Christian Uniqueness Reconsidered. The Myth of a Pluralistic Theology of Religions*. New York, 1900, pp. 96-106. Nesse sentido, mostra-se muito mais sensível uma obra como a de Paul Knitter, *No Other Name? A Critical Survey of Christian Attitudes Toward the World Religions*. New York, 1985 (sirvo-me da edição italiana: *Nessun altro nome?* Brescia, 1991). Seu universalismo pode não ser muito bem aprofundado, mas coloca o problema em todo o seu realismo, mostrando a necessidade inevitável de uma renovação do questionamento.

[41] K. Ward, Truth and the Diversity of Religions. *Religious Studies* 26, 1990, pp. 1-18, na p. 16.

[42] "Chaque religion est seule vrai" (*Cahiers II*. nouv. éd., Paris, 1972, p. 118).

[43] "Chaque religion est seule vrai". Paul Tillich et Simone Weil sur la possibilité d'un dialogue interreligieux. *Laval Théologique et Philosophique* 58, 2002, pp. 77-87, na p. 83.

[44] Nesse sentido, prescindindo de suas excessivas conotações teosóficas e teogônicas, devem ser levadas muito a sério as considerações do último F.

W. Schelling em sua Filosofia da Mitologia e da Revelação (*Las edades del mundo: textos de 1811 a 1815*. Madrid, 2002): o modo do divino de se fazer presente tem um caráter *constitutivo* para a realização do espírito humano (remeto, sobretudo, a M. Maesschalck, *Philosophie et révélation dans l'itinéraire de Schelling*. Paris/Louvain, 1989). E o mesmo se poderia dizer, prescindindo também de sua excessiva absolutização, das idéias de Hegel, sobretudo em suas *Lecciones sobre Filosofía de la Religión*. Madrid, 1985: o espírito humano sempre está de algum modo "em si", mas só na história vai se constituindo verdadeiramente "para si". Prestando atenção a isso, e muito em sintonia com Rahner, intitulei meu estudo sobre revelação de "A revelação de Deus *na realização* do homem".

[45] Extraio dados e expressões de J. G. Hart, A précis of an Husserlian Philosophical Theology, in S. W. Laycock-J. G. Hart, *Essays in Phenomenological Theology*, New York, 1986, pp. 89-168, 100-101. A carta também pode ser encontrada em W. Biemel, Correspondencia entre W. Dilthey y E. Husserl. *Revista de Filosofía de la Universidad de Costa Rica* 1, 1957, pp. 101-106. Mais dados a respeito da recepção de R. Otto por Husserl, Heidegger e outros autores podem ser encontrados em J. Greisch, *Le buisson ardent et les lumières de la raison. L'invention de la philosophie de la religion. II: Les approches phénoménologiques et analytiques*. Paris, 2003, p. 104; cf. 103-104.

[46] Insisto no "real" para indicar que não se trata de um *conceito* determinado, nem sequer da delimitação *teórica* de um fundo religioso comum. Creio que algumas dúvidas de C. Duquoc a respeito (*El único Cristo*, pp. 97-102) poderiam ser resolvidas. De fato, ele mesmo especifica em dado momento que o que não se pode pretender é uma determinação da unidade "conceitual" (pp. 124; 127). E o que eu tento dizer a meu ver coincide com aquilo que ele, ao longo do livro, quer significar falando da "presença secreta, e contudo onipresente, de Deus" (p. 252).

[47] *El único Cristo*, principalmente a segunda parte: Las religiones en fragmentos (pp. 79-131); cf. também D. Tracy, Forma e frammento: il recupero del Dio nascosto e incomprensibile, in R. Gibellini (ed.), *Prospettive teologiche per il XXI secolo*. Brescia, 2003, pp. 231-273.

[48] Como todos sabem, o problema foi colocado com agudez sobretudo a partir da obra de E. Troeltsch, *Die Absolutheit des Christentums und die*

*Religionsgeschichte.* Tübingen, 1902 (ed. espanhola: *El carácter absoluto del cristianismo.* Salamanca, 1979). Um estudo sério desse problema foi feito por R. BERNHARDT, *La pretensión de absolutez del cristianismo. Desde la Ilustración hasta la teología pluralista de la religión.* Bilbao, 2000.

[49] Nesse sentido são particularmente significativas, pela lucidez e pela cordialidade, as observações de W. ARIARAJAH, *La Biblia y las gentes de otras religiones.* Santander, 1999, pp. 93-100, que, dentre outras coisas, adverte contra a tentação de ver a verdade da própria religião como "um lote completo", a ser tomado ou deixado em todos os seus elementos. Lembra que "o conceito de 'lote' foi um dos fatores que separaram Mahatma Gandhi do cristianismo como religião" (p. 99).

[50] *La rencontre interreligieuse d'après Paul Tillich. Pour une nouvelle conception de l'exclusivisme, de l'inclusivisme et du pluralisme. Laval Théologique et Philosophique* 58, 2002, pp. 43-64. Esse número, todo ele dedicado ao tema, é muito interessante por sua riqueza e por sua contextualização histórica.

[51] Lá pelos anos 20 do século passado, MARÍN-SOLA, um tratadista clássico do tema, chegou a afirmar que na mente dos apóstolos já se encontravam com absoluta clareza os desenvolvimentos posteriores não só do dogma mas inclusive da teologia (F. MARÍN-SOLA, *La evolución homogénea del dogma católico.* 2. ed., Madrid/Valencia, 1963, pp. 157-158). Amor Ruibal, pelo contrário, que escreve na mesma época, nem sequer o cita. Cf. o que digo a propósito em *Constitución y Evolución del Dogma. La teoría de Amor Ruibal y su aportación.* Madrid, 1977, pp. 145-148, e em *La revelación*, pp. 259-264; 285-290.

[52] *El único Cristo*, p. 17. De fato, reconhece: "Esse proceder é mais do que uma atualização de minha obra anterior de cristologia; é a exploração de um âmbito pouco analisado até hoje e cuja pertinência para o momento ignoro, na esperança de que não se trate de uma pesquisa vã" (p. 25).

[53] Ibid., p. 25, nota 19.

[54] Para uma cuidadosa e sintética exposição dos diversos posicionamentos, cf. M. DE FRANÇA MIRANDA, *O cristianismo em face das religiões*, pp. 26-30; 46-51; e, mais amplamente, J. DUPUIS, *Rumo a uma teologia cristã do pluralismo religioso*, pp. 251-294; M. AEBISCHER-CRETTOL, *Vers un oecuménisme interreligieux,*

pp. 374-397 (a propósito da postura de Andreas Rössler). Aqui prescindo das concepções que sustentam uma concepção não-personalista do Divino, pois estas complicariam demasiadamente o discurso; algo a respeito diremos mais adiante.

[55] Toda a Introdução — Jesus and Dialogue, pp. 1-19 — é uma reivindicação da importância decisiva do "fator Jesus" e observa que, "surpreendentemente, é justamente nesse fator que os participantes não cristãos parecem estar mais interessados e se mostram mais ardorosos ao abordá-lo (to get to)" (p. 8).

[56] Op. cit., p. 226. Em nota, o autor observa: "A Declaração Dominus Jesus (DC n. 2.233, 2000, 812-825) é uma defesa e um comentário dessa afirmação da Escritura (cf. At 4,12)".

[57] Por essa razão é que eu sequer ponho em circulação o raciocínio sobre o judaísmo de Jesus; não, evidentemente, porque negue sua importância, mas porque é uma manifestação do problema mais radical da particularidade histórica como tal.

[58] Vejam-se, com uma orientação distinta, as profundas considerações de HEGEL, Lecciones sobre Filosofía de la Religión, cit., v. III, pp. 44-67; a este respeito, cf. W. JAESCHKE, Die Religionsphilosophie Hegels. Darmstadt, 1983, pp. 97-100, que retoma as principais interpretações.

[59] Op. cit., pp. 49-51; 60-62.

[60] Cf. Christ without Myth. New York, 1961, p. 161; e The Reality of God and Other Essays. London, 1967, p. 203.

[61] Blessed Rage for Order. New York, 1965.

[62] Ibid., p. 235, n. 99.

[63] Ibid., pp. 216-218.

[64] Por isso a Dei Verbum (n. 4) insiste afirmando que Jesus revelou "com toda a sua presença e manifestação, com suas palavras e obras [...]".

[65] Cf. suas reflexões em The Search for a Contemporary Christology, in The Analogical Imagination. New York, 1981, pp. 305-338, principalmente 312-317; 329-332; cf. também as enérgicas observações sobre o realismo do diálogo em Plurality and Ambiguity. 2. ed., San Francisco, 1987, pp. 90-99.

66 *Juan. Texto y Comentario.* Córdoba, 2002, p. 398; itálico meu (reproduz, com leves variações, o texto da edição mais ampla: *El Evangelio de Juan. Análisis lingüístico exegético.* Madrid, 1979, p. 859).

67 Nesse sentido, insisto na necessidade de que o processo seja "maiêutico", isto é, que ajude o outro a *ver por si mesmo.* A partir de uma perspectiva toda sua, insiste no mesmo sentido, sobretudo em relação ao diálogo com o hinduísmo, W. Ariarajah, *La Biblia y las gentes de otras religiones,* 94-97. Observa: "Na Índia se usa esta regra empírica, simples mas profunda: 'Se se trata de uma boa mensagem, deve não só ser ouvida como também ser vista'" (p. 94).

68 *Herrlichkeit. I: Schau der Gestalt.* Einsiedeln, 1961, espec. pp. 191-210; 462-505.

69 Como se poderá ver, esse critério no fundo coincide, só procurando tomá-lo em toda sua amplidão, com o de A. Pieris e P. Knitter quando falam de "opção preferencial pelos pobres, pelos oprimidos e pelas vítimas".

70 M. Vellanickal, *Die Kirche im Dialog mit den religiösen und kulturellen Traditionen im Umfeld des Johannesevangeliums,* in G. M. Soares-Prabhu (eds.), *Wir werden bei ihm wohnen. Das Johannesevangelium in indischer Deutung.* Freiburg, 1984, pp. 48-70; 59 (cit. por G. Neuhaus, *Kein Weltfrieden ohne christlichen Absolutheitsanspruch: eine religionstheologische Auseinandersetzung mit Hans Küngs "Projekt Weltethos".* Freiburg/Basel/Wien, 1999, p. 109; nas pp. 103-109, embora insistindo no caráter absoluto do cristianismo, faz uma interessante aplicação do "cristianismo anônimo" de K. Rahner à necessidade do enriquecimento mútuo no diálogo).

71 "Todas essas afirmações são, naturalmente, afirmações *de fé.* Falam a linguagem da confissão, e de nenhum modo a linguagem objetivamente da ciência, que constata e por isso mesmo é verificável. Mas esta última forma não tem em absoluto a patente exclusiva da verdade. Ora, do mesmo modo não podemos eliminar com a interpretação essas afirmações absolutas do Novo Testamento, nem podemos torná-las inócuas reduzindo-as à retórica da fé ou a adornos hiperbólicos, como quando dois namorados se dizem: 'Você é a pessoa mais bonita e especial do mundo'" (E. Schillebeeckx, *Los hombres, relato de Dios.* Salamanca, 1994, p. 226; cf. 225-228). Cf. também

as observações de P. Knitter, *Nessun altro nome?* pp. 154-157; A. Torres Queiruga, El Dios de Jesús en el nuevo contexto de las religiones. *Iglesia Viva* 180, 1995, pp. 557-575; A. Novo, *Jesucristo, plenitud de la revelación*. Bilbao, 2003, principalmente pp. 221-265.

[72] É a expressão usada continuamente por J. Hick; cf., por exemplo, *God Has Many Names*, pp. 18; 36-39.

[73] Cf. L. Swidler (ed.), *Toward a Universal Theology of Religion*. New York, 1987, pp. 227-230 (cit. por J. Dupuis, *Gesù Cristo incontro alle religioni*. Assisi, 1989, p. 146).

[74] É o caminho que cada vez mais radicalmente foi buscado por J. Hick, sobretudo a partir de J. Hick (ed.), *The Myth of God Incarnate*. London/Philadelphia, 1977; cf. principalmente *God Has Many Names*, pp. 8; 19; 27-28; 58; 74; 125. Mais equilibrada e sugestiva é a apresentação de R. Haight, *Jesus, símbolo de Deus*. São Paulo, Paulinas, 2005.

[75] "What we need is a shift from a bad Christocentrism to a good one" (respondendo a J. Hick in S. T. Davis (ed.), *Encountering Jesus. A debate on Christology*, Atlanta, 1988, p. 28).

[76] Aqui se enraíza, sem dúvida, o ponto crítico de toda a questão. Cf. as referências de J. Dupuis, *Rumo a uma teologia cristã do pluralismo religioso*, pp. 251-294.

[77] Para informações sobre esse problema profundo, cf. também M. de França Miranda, *O cristianismo em face das religiões*, pp. 26-30, e P. Knitter, *Nessun altro nome?* pp. 76-195, ambos com abundantes referências bibliográficas. Especialmente agudas são as considerações de C. Duquoc, *El único Cristo*, principalmente as pp. 79-80; 223-232.

M. Amaladoss (*El evangelio al encuentro de las culturas. Pluralidad y comunión de las iglesias*. Bilbao, 1988, p. 138) exprime-se com grande prudência: "O cristianismo tem em Cristo seu centro. Todavia o cristianismo ocidental tem sido exageradamente cristocêntrico e tentou fundamentar em Cristo seu eclesiocentrismo. Ora, o encontro com outras religiões não só nos distanciou do eclesiocentrismo, como afirmei anteriormente. Também levou-nos a dar-nos conta da presença e da ação do Espírito nos outros, embora pertençam a religiões e culturas diferentes. Esperamos que essa experiência nos conduza a descobrir a presença do Espírito e de seus carismas fora de seu marco cristológico e hierárquico, inclusive dentro da Igreja. De qualquer modo, os teólogos indianos começaram a questionar a tendência a reduzir Cristo ao Jesus histórico e falam do Cristo cósmico [em nota o autor remete a R. S. SUGITTHARAJAH (ed.), *Asian Faces of Jesus*. New York, 1993]. A terminologia ainda encontra-se em evolução. Articular a ação de Cristo na Igreja e nas demais religiões é um verdadeiro desafio. Mas isso não pode ser feito a não ser no diálogo". Cf. também as importantes reflexões de R. PANIKKAR, Jesús y las religiones, in J. J. TAMAYO-ACOSTA (ed.), *10 palabras clave sobre Jesús de Nazaret*. Estella, 1999, pp. 453-488.

[78] Também isso, com certeza, é discutível; mas pelo menos é argumentável comparando entre si as propostas religiosas na história; é esse o pano de fundo das reflexões de W. PANNENBERG, *Wissenschaftstheorie und Theologie*. Frankfurt a.M., 1973, especialmente as pp. 361-374. Tarefa difícil por causa da enorme heterogeneidade das mesmas; mas em princípio não impossível, contando com algum tipo *real* de unidade humana (presente já no próprio fato de colocar esse problema e dialogar sobre ele). Para um maior aprofundamento, permito-me remeter à minha obra *La revelación*, caps. VI-VII, pp. 243-400.

[79] "Dois terços da população mundial não vivem hoje no mito da história" (Metatheology as Fundamental Theology, in *Myth, Faith and Hermeneutics*. New York, 1979, p. 330; cit. por P. KNITTER, *Nessun altro nome?* p. 244). Insisto na frase "se bem o entendo", pois é possível que ele não se reconheça na interpretação que se faz de seu pensamento, assim como não é fácil reconhecer sua concepção de *historicidade* na versão estreitamente "iluminista" oferecida por ele próprio. Sobre um problema tão decisivo, pode-se consultar I. BOADA (ed.), *La filosofía intercultural de Raimon Panikkar*. Barcelona, 2005, principalmente os trabalhos de F. X. D'SA, La consciència, el temps i la història en l'obra de Panikkar (pp. 67-98) e J. PRABHU, El pluralisme advàitic de Panikkar (pp. 99-118); eu também faço algumas observações naquele texto (pp. 168-169), e PANIKKAR faz, por sua vez, alguns esclarecimentos (pp. 196-198).

[80] A expressão é de G. MORAN, *Teología de la revelación*. Santander, 1968, pp. 53-59.

[81] "Questa rivelazione non é tuttavia assoluta; resta relativa. Infatti, la coscienza umana di Gesù, pur essendo quella del Figlio, resta umana e limitata. Ora nessuna coscienza umana, nemmeno quella di Dio, può esaurire il mistero divino" (J. DUPUIS, *Gesù Cristo incontro alle religioni*, pp. 240-241).

[82] *Repensar la resurrección. La diferencia cristiana en la continuidad de las religiones y la cultura*. Madrid, 2003, p. 192; cf. 191-196 (ed. brasileira: *Repensar a ressurreição. A diferença cristã na continuidade das religiões e a cultura*. São Paulo, Paulinas, 2004).

[83] *Teología Sistemática*. Salamanca, 1972, v. II (La existencia y Cristo), pp. 165-166.

[84] Sobre essa idéia ele estrutura a sua cristologia: *Fundamentos de Cristología*. Salamanca, 1974.

[85] Cf., por exemplo, E. R. DODDS, *Los Griegos y lo irracional. Algunos aspectos de la experiencia religiosa desde Marco Aurelio a Constantino*. Madrid, 1975, e, em geral, toda a obra de A.-J. FESTUGIÈRE, desde sua tese de doutorado, *L'idéal religieux des Grecs et l'Évangile* (Paris, 1932), até *Personal Religion among the Greeks* (Berkeley/Los Angeles, 1954).

[86] Veja-se, por exemplo, a rica e enérgica síntese de H. KÖSTER, *Introducción al Nuevo Testamento*. Salamanca, 1988, principalmente § 4: Filosofía y religión, pp. 191-261, e § 11: Egipto, pp. 741-764. Hoje insistem nisso todos os estudos sobre a *Third Quest* do Jesus histórico e do cristianismo primitivo.

capítulo 3

# O encontro entre as religiões

Até aqui a ênfase da reflexão recaiu sobre a auto-interpretação cristã enquanto interpelada e até mesmo desafiada pela presença das demais religiões. É chegado o momento de enfocar diretamente o tema das conseqüências para o diálogo. Conseqüências que, em inevitável circularidade hermenêutica, já estavam implícitas em todo o discurso anterior, mas que agora convém explicitar e analisar mais detalhadamente.

Com efeito, o estudo das duas questões fundamentais — a particularidade e a plenitude — permitiu aclarar e readequar os pressupostos sobre os quais *pensar hoje* o problema do encontro entre as religiões. A partir daí não é difícil ver que tal encontro não só é possível mas inclusive torna-se necessário e pode representar um avanço. O que não significa, obviamente, que todos os problemas estejam já solucionados ou que exista um planejamento claro e exato dos caminhos a seguir. Mas pelo menos, se nos esforçarmos em ser coerentes com a nova compreensão, pode-se pensar que o empreendimento não é desesperador e que, sejam quais forem os resultados concretos, todas as religiões podem sair ganhando de um encontro honesto, aberto e respeitoso com as demais.

## I. Todas as religiões são verdadeiras

O enunciado anterior reveste-se claramente de um certo ar provocativo, mas nem por isso renuncia ao sentido profundo que suas palavras sugerem. Desse modo, pretende situar a reflexão à luz daquilo que foi obtido até aqui. Em relação a essa questão concreta, vamos sistematizá-lo mais uma vez em duas idéias.

A primeira é *a presença real* — salvífica e reveladora — de Deus no coração de toda a história da humanidade; presença que se traduz de maneira concreta *nas religiões*. Isso deve eliminar na raiz todo esquema subconsciente que tenda a manter a equação cristianismo / religiões = revelação / não-revelação, seguindo o velho esquema da existência de uma só religião revelada, relegando todas as outras à condição de religiões "naturais".

A segunda refere-se à *particularidade como necessidade histórica* que, por conseguinte, não consiste em privilegiar para separar, mas em cultivar todas as possibilidades de cada religião — em nosso caso, as presentes na tradição bíblica, de tal modo que o que nela foi adquirido possa chegar também *a todas*, da mesma forma que ela própria permite-se ser enriquecida pelas conquistas das demais. Aqui o esquema subconsciente que deve ser eliminado é o do "nós sim" / "os outros não", normalmente traduzido por "nós verdadeiros", os que devem sair em missão / "os outros falsos", os que devem vir a nós.

O comportamento lingüístico reveste-se de enorme importância. Se partirmos da contraposição entre religião verdadeira e religiões falsas, sem falar da adoção de uma postura pretensiosa e injusta, dificilmente se poderá entabular um diálogo autêntico. Se, pelo contrário, partirmos da afirmação de que todas as religiões — enquanto modos específicos de acolhida e configuração comunitária da universal presença salvífica de Deus — são verdadeiras, o diálogo brota por si mesmo.

Pois nesse caso a questão toda se resume ao *modo* e à *intensidade* da verdade que cada religião alcança na difícil e sempre insatisfatória luta para captar e expressar em palavras, condutas e instituições a irradiação amorosa do Mistério. Devido ao fato de a recepção humana ser sempre inevitavelmente desigual, como analisamos anteriormente, a dialética autêntica jamais é "o zero e o infinito", mas tão-somente "o mais e o menos", ou, se preferirmos, "o bom e o melhor".[1]

E levando-se em conta que nenhuma realização histórica pode jamais ser perfeita, cada religião deve experimentar essa mesma dialética acima de tudo na forma de um diálogo dentro dela mesma, no sentido de uma busca interna daquilo que é o melhor, num processo de correção e conversão contínuas. Todo espírito verdadeiramente religioso sabe que isso não é um artifício, mas um chamado perene da experiência: *si comprehendis, non est Deus*. Isso, de fato, nos foi dito com clareza: quem, como o fariseu da parábola, se acha justo, sairá do templo sem ter se reconciliado (cf. Lc 18,9-14).

De fato, não é arriscado afirmar que se trata de uma evidência que vai se impondo cada vez com maior força no mundo atual, caracterizado, como em nenhuma época anterior, pelo contato efetivo entre as religiões. Quem, cristão ou não, seriamente preocupado pelo religioso e pela sua repercussão na humanidade, não sentiu alguma vez a urgência de enriquecer a vivência de sua tradição com as contribuições provenientes das demais religiões? Mais ainda, por acaso não somos muitos os que experimentamos que nossa vivência atual já se encontra, *de fato*, mais enriquecida do que normalmente se percebe devido ao contato com outras tradições? Pense-se, simplesmente, no influxo crescente da espiritualidade oriental sobre o nosso modo de orar e de acolher a presença de Deus na vida.[2]

O diálogo entre as religiões é, por isso mesmo, decidida e sinceramente *real*, e além disso conecta-se com essa busca que cada uma delas realiza a partir de seu interior. Aí desaparece o espírito de competição, de modo que se exerça tão-somente o de acolhida e de oferecimento mútuo. A inquietude da busca deixa a descoberto a necessidade de cada uma e a receptividade real em relação às demais, e por isso mesmo faz com que se sinta também a urgência de compreendê-las *em si mesmas*. Raimon Panikkar retoma com acerto a conhecida afirmação de Wilfred Cantwell Smith de que "nenhuma afirmação sobre uma religião é válida, a menos que os crentes da mesma possam subscrevê-la",[3] ao afirmar:

> A regra de ouro de toda hermenêutica é que a coisa interpretada possa reconhecer-se na interpretação. Em outras palavras: toda interpretação externa a uma tradição deve coincidir, pelo menos fenomenologicamente, com uma interpretação dada a partir de dentro, ou seja, com o ponto de vista do crente.[4]

Por sua vez, a experiência gozosa e positiva daquilo que nos é próprio impulsiona-nos ao oferecimento gratuito. Em ambos os casos estamos na justa atitude religiosa: Deus, sempre maior e perenemente diante de nós; e todos nós buscando-o como o Uno comum e, por isso mesmo, ajudando-nos mutuamente.

É verdade que toda religião pecou — e vai continuar pecando — setenta vezes sete contra esse espírito; todavia nem por isso se trata de um idealismo romântico, mas do único verdadeiro realismo digno dos seres humanos: aquele que, vencendo aquilo que é decorrência do fácil e do egocêntrico, convoca sempre de novo a uma maior abertura e a uma melhor realização.

Podemos inclusive — e devemos — dar um passo a mais, qualificando de "intrínseca" a verdade das religiões, no sentido de que seria incorreto concebê-las como uma simples mediação em vista de uma verdade superior. Elas possuem valor *em si mesmas*; basta vê-las em sua função dentro da própria cultura e tradição. É claro que, em sua circunstância concreta, são o meio histórico que Deus tem — digamo-lo assim — para fazer com que seus fiéis possam sentir e viver a salvação de maneira explícita e comunitária, isto é, verdadeira e plenamente humana.

Sequer há razão para se ter medo de chegar à última conseqüência: as *escrituras* dessas religiões também são, em sua própria e específica medida, santas e reveladas.[5] Se levarmos em conta a enorme distensão analógica da expressão, pode-se inclusive qualificá-las de "palavra de Deus". Muito embora — desde que se proceda somente *assertive*, não *exclusive* — também pode tornar-se compreensível uma opção mais reservada terminologicamente: a daqueles que, pelo mesmo caráter solene, oficial e de cânone definitivo revestido por essa denominação, prefiram que cada religião — como, em geral, fazemos nós cristãos — possa reservá-la para as suas próprias escrituras.[6]

Seria uma espécie de paralelismo conseqüente com o fato de se adotar a própria religião como a que se considera mais justa e menos inadequada ao Mistério para o qual todas apontam. Em todo caso, o fundo daquilo que se mentaliza deve ser mantido como única conseqüência legítima do novo conceito de revelação.[7] Se observarmos bem, é o que, partindo-se do ponto de vista cristão, acontece com o Antigo Testamento: acostumados a aceitar como óbvia sua denominação de "palavra de Deus", não percebemos a importância da opção tomada pela igreja primitiva de rejeitar a postura negativa de Marcião. Postura essa que não deixava de ter suas razões, pois assinalava as diferenças, em vários pontos muito profundas, entre ambos os testamentos, que em algumas ocasiões eram maiores inclusive do que as que ocorriam entre o cristianismo e outras grandes religiões.

Este seria o lugar para abordarmos um tema importante que preferi deixar de lado, a fim de não complicar o discurso: o caso peculiar do *judaísmo*.

Não se pode negar o quanto é especial a sua relação com o cristianismo. Mas na nova situação de um diálogo geral *das religiões*, convém distinguir com cuidado entre a situação histórica, *de fato*, e a questão de princípio ou *de direito*. Em relação à primeira — a relação única e peculiar, de verdadeira consangüinidade histórica — nunca valorizaremos suficientemente sua importância. Em relação à segunda, as coisas são diferentes: alcançado o *universalismo*, convém ser conseqüentes e reconhecer que não há diferenças de princípio, sejam de privilégio ou de exclusão. São Paulo disse isso de uma forma insuperável: "Já não há mais judeu nem grego, escravo ou livre, homem ou mulher" (Gl 3,28).

Há tempos, comentando a obra de F. Mussner sobre o judaísmo,[8] eu observava que seus raciocínios nesse ponto, recorrendo sobretudo a outros textos de são Paulo, a meu ver não conseguiam "libertar-se de um certo fundamentalismo, mais atento à forma concreta das expressões textuais do que à experiência que as origina". E indicava a possível razão:

> Dada a reconhecida competência do autor, certamente não é alheia a isso uma certa "má consciência" cristã — e alemã — que contribuiu com a injusta história do judaísmo. Todavia não parece ser o melhor caminho procurar a saída em novas formas de

um certo particularismo; melhor seria buscar juntos um novo e autêntico universalismo que, *acolhendo de modo igualitário a todos*, torne impossíveis novas discriminações.[9]

Nesse sentido, reconhecendo — e pondo em prática — que prestar atenção a essa distinção pode ilustrar muito bem os processos no diálogo concreto, creio que Christian Duquoc acentua exageradamente a diferença ao opor-se "à integração da questão da relação do cristianismo com o judaísmo no marco desse diálogo [inter-religioso]".[10]

Retomando, portanto, o fio do discurso, convém inclusive acrescentar que o valor das religiões por essa razão é, de certo modo, "absoluto", já que nelas está em jogo o destino definitivo de seus crentes. É claro que na perspectiva cristã *nós* vemos sua abertura num momento posterior, ou seja, no fato de serem intimamente chamadas, *também* elas, à completude com aqueles aspectos que não estão presentes nelas e que de acordo com a nossa confissão estão presentes na plenitude aberta por Cristo. Mas tal abertura — que a seu modo, quanto à sua efetiva realização histórica, se dá também no cristianismo — não deve esconder jamais que nelas Deus está real e verdadeiramente presente. O que, se na perspectiva cristã não elimina sua incompletude — porquanto Deus não descansa até dar-se de modo pleno —, confere-lhes em definitivo o caráter absoluto da fidelidade incondicional de seu amor, mais forte do que toda deficiência na efetiva realização histórica.

O exemplo do Primeiro Testamento oferece também nesse caso um claro modelo de compreensão, pois nele os fiéis, embora abertos e voltados para o futuro messiânico, mesmo assim tinham consciência de estar plenamente refugiados na fidelidade de Iahweh:

> No entanto, estou sempre contigo;
> tu me tomaste pela mão direita.
> Com teu conselho me guias
> e depois na glória me recebes.
> Que tenho eu em meu favor no céu?
> Fora de ti, ninguém mais desejo sobre a terra.
> Minha carne e meu coração desfalecem;
> rochedo do meu coração e minha
> porção é Deus para sempre!

(Sl 73,23-26).

De resto, como se pode ver nas entrelinhas, a própria "provisoriedade escatológica" do cristianismo, embora sem coincidir exatamente com isso, proporciona sempre uma analogia significativa: definitivo, mas provisório; tendo reveladas todas as chaves, mas sempre na busca da verdade total; *já* instaurado, mas *ainda não* realizado... Ou seja, a consciência da relatividade não anula a consciência da absolutez última; é como afirmar que a consciência desta não anula de modo algum a inevitável relatividade.

## 2. O novo clima do diálogo

### 2.1. A lógica da gratuidade

Vivida nessa atitude, a autocompreensão cristã evita o perigo de incorrer num imperialismo religioso diante das demais religiões, sem por isso mesmo ter razões para sentir-se ameaçada em sua identidade. Pelo contrário, não tem dúvidas de que, na medida em que pode ajudar as outras, ela própria sente-se também auxiliada, tendo a oportunidade de receber riquezas externas e ainda de descobrir ou redescobrir importantes elementos de si mesma. Dito em palavras um pouco mais abstratas: trata-se de passar de uma "lógica da concorrência", na qual as *minhas* razões e a *minha* religião são lançadas contra as razões e a religião dos outros, para uma "lógica da gratuidade". Isto é, uma lógica consciente de estar apoiada numa Transcendência que tudo fundamenta e que, por isso mesmo, busca incansavelmente, desde sempre e em todos os lugares, dar-se a conhecer e entregar-se a todo homem e a toda mulher. Precisamente porque quer ser dom para todos, não pode ser possessão de ninguém.

É significativo comprovar que a própria fenomenologia da religião mostra que toda experiência religiosa tende, pelo seu próprio dinamismo, a ser compartilhada, e embora sempre ameaçada pelos egoísmos particularistas, sua orientação intrínseca é no sentido de uma expansão sem fronteiras; no limite, rumo à universalidade. E a partir da filosofia da história aponta para a mesma direção a importância adquirida pelo "tempo eixo", esse período próximo ao século VI antes de Cristo que assistiu à aparição quase simultânea de Buda e Jaina na Índia, de Confúcio e Lao-Tsé na China, dos Pré-Socráticos na Grécia, de Zaratustra no Irã, dos grandes Profetas em Israel...

Com efeito, foi a explosão dessa tendência, largamente amadurecida, que desde o descobrimento do *humanum* como tal (não ainda enquanto indiano ou chinês, grego ou judeu) busca realizar-se na universalidade sem fronteiras.[11] Por isso apareceram, nesse tempo, as "grandes" religiões, que justamente são grandes porque reconheceram de maneira expressa essa vocação universal. Recorde-se que já em Israel os profetas lutaram contra toda tentativa de se apoderar da "eleição" como se fosse um bem particular. E o cristianismo traduz, sem diferenciação nem distância, a gratuita paternidade divina em horizontal e irrestrita fraternidade humana: "Não há mais judeu nem grego...".

Em outras palavras, a verdade que uma religião crê ter descoberto não a descobre para si, nem lhe pertence com exclusividade; ela a descobre para todos e pertence igualmente aos outros: "Dai de graça o que de graça recebestes" (Mt 10,8).

E da mesma forma cada uma tem pleno direito de considerar como seu tudo aquilo que as outras descobriram; "sua" verdade é "minha" verdade, assim como a minha é a sua, porque na realidade é "a verdade de Deus para todos". Já santo Agostinho o expressava perfeitamente dirigindo-se a Deus: "Tua verdade não é minha, nem deste ou daquele, mas de todos nós".[12] No fim das contas, a verdade religiosa é sempre o reflexo da plenitude de Deus no espírito humano, plenitude à qual, de nossa parte, só podemos responder com a busca conjunta, fraternal e compartilhada. Todos recolhendo os fragmentos de uma verdade que, refletida na finitude, é destinada a todos.

O *diálogo* não é, portanto, um capricho, mas constitui uma *condição intrínseca* da verdade,[13] porque não é possível aproximar-se sozinhos, fechados no egoísmo dos próprios limites, da riqueza infinita da oferta divina. Unicamente todos juntos, dando e recebendo, num contínuo intercâmbio de descobertas e experiências, de crítica e enriquecimento mútuos, vai-se construindo na história a resposta à revelação salvífica.

Por isso as religiões nunca foram fatos isolados, mas, sim, parte de um tecido muito denso de contatos e influências, na maioria dos casos sequer conscientes. O que está acontecendo hoje, por conseguinte, não é novo.[14] Simplesmente o longo amadurecimento histórico, o salto qualitativo das comunicações e a constituição incontrolável da "aldeia global" trouxeram à superfície e intensificaram ao extremo o que sempre constituiu o pano de fundo da vida religiosa no planeta Terra. A globalização acelerada, ao tornar inevitáveis os contatos e urgentes os contrastes, não poderia ocorrer sem uma forte dose de surpresa, desconcerto e confusão. Todavia, bem observado, constitui uma ocasião magnífica para a ampliação e o aprofundamento da consciência religiosa, que tem assim a possibilidade de se libertar de estreitezas, fundamentalismos e fanatismos, sem que com isso se esteja decretando a morte de toda identificação. Nada mais é do que um chamado a uma nova e mais flexível compreensão.

Concretamente, em relação à identidade cristã, nada obriga a renunciar ao verdadeiramente experimentado na revelação em Cristo, pois não se pode ignorar a luz, uma vez que vista ou entrevista; isso também seria pecar contra ela. E paradoxalmente representaria uma injustiça para com as demais religiões, pois em nome de um falso respeito estas seriam privadas de uma possível riqueza à qual *têm direito*.

Trata-se, pura e simplesmente, não de se "apoderar" dessa experiência naquilo que esta tem de descoberta específica, mas sim de permitir que a mesma se expanda conforme as leis de seu próprio dinamismo. Isso significa, antes de mais nada, que a experiência cristã não é propriedade dos cristãos. É *dom* do Deus comum, que foi emergindo e se configurando num ponto da comunidade religiosa humana, mas que está intrinsecamente destinada a toda essa comunidade, na medida em que possa ajudá-la ou completá-la na acolhida das diferentes religiões. Deus continua sendo o *único* Senhor: de todas e para todas.

Isso exige que a *missão* cristã saiba perfeitamente que não sai nunca para o deserto da pura ausência, mas para o encontro com outros rostos do Senhor. A plenitude descoberta e experimentada em Cristo talvez a torne sensível às carências ou deformações que possa encontrar.[15] Mas a única coisa à qual tal sensibilidade a pode levar é ao desejo de fazer brilhar também para os outros o rosto que se entreviu a partir da insuperável irradiação da vida de Jesus, de sorte que ajude a eliminar sombras, corrigir traços e abrir as últimas profundidades. Nessa tentativa, a missão cristã deve também ter consciência das suas próprias deficiências: um encontro com a manifestação de Deus nas outras religiões constitui um chamado a corrigir os próprios defeitos e a descobrir as novas riquezas que, presentes nas demais religiões, a inevitável estreiteza da própria tradição não lhe permitia ver.

De fato, já os apologistas souberam vê-lo a seu tempo, a ponto de Justino e Clemente de Alexandria se atreverem a considerar a filosofia como o "antigo testamento" dos gregos.[16] E olhando para o passado, fica evidente o enorme influxo das outras religiões na tradição bíblica, de sorte que se pode afirmar que muitas vezes, e em aspectos muito importantes, as religiões não só foram uma preparação *para* a religião bíblica mas também preparação *da* religião bíblica. O mundo simbólico da protologia, bem como de uma grande parte da oração hínica, a própria profecia, a sabedoria inteira, talvez a idéia monoteísta, muito provavelmente a formulação da imortalidade e a ressurreição... estiveram sempre em intercâmbio vital com as religiões de seu contexto histórico, se não foram delas recebidas. A fé e a revelação cristãs não só nasceram marcadas por esse processo, mas a realização mesma de seu universalismo — tanto em sua preparação quanto em sua tematização efetiva — estiveram indissoluvelmente unidas na formação do ecumenismo helenístico, na unidade jurídica e geográfica criada pelo Império Romano e na posterior assunção das diversas categorias culturais na teologia.[17]

E ampliando o leque da consideração, fica fácil comprovar que isso continuou acontecendo na história posterior e continua acontecendo de uma maneira particularmente intensa em nossos dias. O islã seria impensável se, juntamente com as tradições africanas que estão em sua origem, não se levar em conta o prolongado contato com o judaísmo e com o cristianismo, da mesma forma que estes não podem ser concebidos em sua figura atual sem a intensa interação histórica com aquele. Entre a Índia, a China e o Japão, as migrações de idéias e o amálgama de espiritualidades formam um *continuum* inextricável. E, em geral, a atual configuração religiosa do mundo se torna inconcebível sem o interinfluxo constante entre a religiosidade ocidental e as grandes tradições orientais.

## 2.2. A insuficiência da linguagem

Tais considerações são óbvias; mas sublinham uma vez mais a precariedade da linguagem tradicional no momento de assimilar e dar forma à nova visão.

Essa é a razão principal pela qual desde o começo insisti na necessidade de não se reduzir às classificações formais. E sobretudo justifica a paciência de ter partido de uma proposta *situada*, que não pretende *já* sair falando em nome de todas as posturas nem partir de um conhecimento adequado das mesmas. Ou seja, uma proposta que, consciente dos limites de toda *autocompreensão*, reconhece que esta é o melhor caminho para ir elaborando, todos juntos e de passos bem marcados, uma compreensão mais decididamente universal.

Talvez por isso convenha inclusive ir substituindo — ou pelo menos completando — a própria palavra "diálogo" pela palavra "encontro" (de fato, procurei usá-la com certa freqüência). O diálogo pode implicar a conotação de uma verdade que já se possui plenamente e que vai ser "negociada" com o outro, que também já tem a sua. O encontro, pelo contrário, sugere muito mais um sair de si, unindo-se ao outro para ir em busca daquilo que está diante de todos.

Por isso, da mesma forma, a resistência em falar de "inclusivismo", porque o que a palavra sugere é que toda a verdade dos outros já está "dentro" (incluída) da nossa. Essa é também a razão que justifica a adoção de uma postura de corte "pluralista", embora procurando não ceder às possíveis conotações de nivelamento igualitário ou de relativismo indiferenciado. É o que tenta explicar a categoria de "pluralismo *assimétrico*", que, partindo da autocompreensão cristã, não renuncia a afirmar que as "chaves" de tudo o que é fundamental e necessário em nossa relação com Deus nos foram dadas de modo suficiente — e, nesta medida, definitiva — na revelação de Cristo; mas que, nem por isso, nega a verdadeira, salvífica e autêntica presença de Deus nas demais religiões.

Dito isso com toda clareza, a própria linguagem empregada indica quão fácil é suscitar mal-entendidos e quão difícil se torna estabelecer os limites e o alcance exato daquilo que foi afirmado. Por isso, embora correndo de novo o perigo da repetição, nunca é demais insistir em que essa afirmação não é feita, em nenhum momento, com um tom de monopolização. É preciso evitar a todo custo a tentação reducionista de que afirmar algo como verdade implica excluir a verdade do outro. Isso pode valer para uma linguagem estrita e formalizada, mas conduz à deformação e à intolerância nas questões verdadeiramente humanas, as quais, por sua íntima riqueza, não admitem apenas uma perspectiva e sempre deixam de fora aspectos que só podem ser vistos a partir de uma outra perspectiva.

Paul Knitter distinguiu muito bem entre *truly* e *only*: afirmar "verdadeiramente" *(truly)* não implica que o seja "exclusivamente" *(only)*.[18] E os escolásticos distinguem muito bem entre o que se diz *affirmative* e o que se proclama *exclusive*: o primeiro afirma pura e simplesmente, não prejulgando se o que foi afirmado se dá ou não fora do próprio recinto; só o segundo, ao afirmar aquilo que é seu, exclui que os demais possam possuí-lo. Aqui, de forma nenhuma se trata deste último caso. Pelo contrário, sempre se considerou pressuposto — alegrando-se com isso, nunca lamentando-o — que não só no que foi revelado em Cristo há muito que é também patrimônio de outras religiões e que inclusive, em diferente medida, tem sido trazido por estas, mas além disso que essas religiões têm aspectos e perspectivas ausentes no cristianismo e que, por isso mesmo, podem ajudá-lo e completá-lo em seu esforço em vista de uma melhor e mais completa realização histórica.

Como se pode ver, portanto, não se trata de estabelecer uma dialética de corte hegeliano, na qual um só *phylum* evolutivo, o cristianismo, finalizaria historicamente em si mesmo todos os demais, assimilando-os e suprimindo-os *(Aufhebung)*. Trata-se, isto sim, de uma visão plural, onde os diversos *phyla* avançam em seu próprio espaço; tudo com numerosas anastomoses de contatos e interinfluxos, convergindo cada vez mais entre si, pois estão habitados pela presença do mesmo Senhor e todos chamados à máxima plenitude possível.

Ao considerar — *a posteriori* — que essa plenitude alcançou em Cristo sua máxima realização histórica, não se pretende ver "nossa" religião como realização perfeita e acabada em todos os aspectos; nem, muito menos, considerar as demais como caminhos em direção a ela. Em relação à realidade finita em geral, dizia Nicolau de Cusa, nenhuma religião pode superar todas as demais em todos os aspectos.[19] Todas — incluída, obviamente, a nossa — apresentam-se em sua essência mais íntima como que necessitadas de aperfeiçoamento e *descentralizadas estaticamente* rumo ao Mistério comum.

É como se todas as religiões formassem um complexo feixe de caminhos que, partindo de lugares diferentes na planície humana, procuram escalar a montanha do Mistério. O acerto na subida e a altura atingida são diferentes. Nós confessamos inclusive que "uma" chegou a divisar o cume insuperável, na medida em que isso é possível dentro da história humana. Mas reconhecemos que todas, incluída esta "uma", são, no fim das contas, configurações finitas que espelham a comum riqueza inesgotável. Cada uma a reflete à sua maneira e a partir de uma situação particular. Todavia, à medida que sobem e se aperfeiçoam, se aproximam entre si, segundo a famosa frase de Teilhard de Chardin: "Tudo o que ascende, converge".[20]

Por essa razão não são chamadas a se ignorar, mas a somar os reflexos. Dando e recebendo, cada uma crescerá em si mesma e se sentirá mais unida às demais. Desse modo, acolher a verdade oferecida, tanto quanto oferecer a própria verdade, faz parte indeclinável da busca.

Uma teologia consciente da precariedade histórica à qual cada etapa, cada forma e cada realização concreta do cristianismo necessariamente impede a plenitude neles oferecida, sabe que sempre terá muito que aprender do contato respeitoso e cordial com outras religiões. Pois o que está em jogo não é o "em si" da comunicação de Deus, mas o precário e relativo "para nós" da recepção. E dado que esta se realiza como encarnação na polifonia do mundo, seria pretensão ingênua, para não dizer soberba blasfema, pensar que é plenamente realizada no cristianismo; há aspectos que só *a partir de fora* de sua configuração concreta podem chegar-lhe e que, justamente pela fidelidade ao Deus *seu* e *de todos*, deve estar disposta a acolher.

Vale a pena expressar essa idéia com uma citação de Edward Schillebeeckx:

Como conseqüência, podemos e devemos dizer que está presente mais verdade (religiosa) *no conjunto de todas as religiões* do que numa só religião isolada. E isso vale também para o cristianismo. Assim, portanto, há aspectos "verdadeiros", "bons" e "belos" — surpreendentes — na multiplicidade (presente na humanidade) de formas de relacionar-se com Deus; formas que não encontraram nem encontram lugar no modo específico que o cristianismo tem de ser vivido. Há diferenças no modo de viver a relação com Deus; diferenças inelimináveis, junto a tantas afinidades inerentes. Há experiências autenticamente religiosas divergentes que o cristianismo, precisamente por causa de sua particularidade histórica, jamais tematizou ou jamais pôs em prática e que *talvez* (digo-o com prudência, mas assertivamente), devido aos acentos especificamente peculiares postos pelo próprio Jesus, não possam tampouco ser tematizadas *sem privar tais acentos peculiares de sua força e, em última instância, de sua especificidade cristã.*[21]

A citação é longa, mas significativa, porque exprime bem que esse difícil equilíbrio entre a confissão clara da própria fé e a generosa abertura às outras religiões não tem nenhuma razão para se tornar esterilizador, podendo ser sempre muito fecundo.

## 2.3. Uma aplicação: o diálogo Oriente-Ocidente

Para concretizar um pouco mais, vale a pena fazer uma rápida alusão ao problema fundamental do encontro entre Oriente e Ocidente. Trata-se, com toda evidência, de um processo real, atuante e em movimento. Contudo, não dispomos ainda de instrumentos culturais adequados para conseguir falar de uma síntese autêntica, embora o acerto maior ou menor possa vir a ter conseqüências muito importantes para o futuro da humanidade. Seria suicida insistir no exclusivismo de afirmar como válido um só dos dois extremos. Todavia tampouco seria uma boa solução incorrer no simplismo de pensar que tudo é igual, nivelando as diferenças e cancelando as identidades.

Se insisto nisso é porque me preocupa concretamente um ponto central no encontro: o problema do *caráter pessoal ou impessoal* do Divino. E note-se como a linguagem se torna ambígua já no próprio enunciado. Por um lado, ao falar "do" Divino, as conotações vão em direção à neutralidade, sugerindo preferencialmente a impessoalidade. Por outro, as próprias palavras "pessoal" e "impessoal" abrem um espaço semântico de não fácil delimitação.

O conceito de "pessoa", com efeito, pode ser interpretado com um excesso de univocidade, aplicando-se a Deus as limitações da pessoa humana (de fato, foi neste ponto que esquentou a primeira "disputa sobre o ateísmo", a famosa *Atheismusstreit*, ao redor de Fichte).[22] Por sua vez, "impessoal", ao acentuar a diferença, pode ser interpretado ou na direção da neutralidade, carente em absoluto de qualquer modalidade de consciência, amor ou liberdade, ou então na direção do infinitamente oposto ao neutro e por isso mesmo acentuando infinitamente tudo aquilo que na finitude marca valores pessoais.

Por pouco que se tenha lido a respeito das discussões sobre essa dificílima questão,[23] se poderá compreender a enorme carência de categorias adequadas e, em conseqüência disso, a confusão reinante a esse respeito. Em outras ocasiões, apoiando-me no pensamento de Amor Ruibal — pouco conhecido, infelizmente, mas fortemente original e profundo —, insisti no fato de que a aporia não é total.[24]

Esse pensador galego distingue entre o "nocional" e o "conceitual". O *nocional* refere-se àqueles vetores da realidade que, como o próprio *ser* ou as tradicionais *perfectiones simpliciter simplices* — definidas por ele como "noções segundas" —, podem em princípio ser enunciadas sem nenhum limite; de sorte que, quanto mais se afirma uma realidade mais se afirmam também tais vetores; ou seja, quanto mais se "é", mais "vivo", mais "consciente", mais "bom" ou mais "livre" também se é... O *conceitual*, pelo contrário, refere-se já às realizações destes vetores nocionais nas entidades concretas; estas, por um lado, constituem a única possibilidade de sua concreção real — não existe "vida" em abstrato — e, por outro, não esgotam sua capacidade expansiva, mas a delimitam a um determinado grau de realização (*omnis determinatio est negatio*, dizia Spinoza). Daí a gradação: vida-vegetal, vida-animal, vida-humana... até a possibilidade de vida-infinita.

Desse modo, os conceitos são diferentes e devem ser pensados por si mesmos em cada caso; ninguém confunde o *conceito* de vida-vegetal com o de vida-humana. Todavia, embora diferentes, ambos incluem sempre o valor comum da *noção*, que é diferenciado em sua realização, mas não anulado em si mesmo; ninguém nega que o ser humano seja vivo, embora isso não significa que seja vivo *como* um vegetal. E por isso se compreende que, quando se diz que Deus é *vivo*, se afirma algo *real* (o nocional) dele, embora isso não implique de forma alguma que o conceito de vida aplicado a ele seja *como* o do carvalho, do leão ou do homem...

Trata-se, por conseguinte, de conceitos inadequados, mas verdadeiros. Por isso compreendemos muito bem que se possa afirmar que Deus é bom, enquanto que nenhuma pessoa crente se atreveria a dizer que é mau. Já há muitos anos falei da "idéia ou conceito direcional",[25] e Xavier Zubiri fala de uma "conformidade com", que ele esclarece de uma forma muito eficaz, diante de toda univocidade, mas também diante de todo agnosticismo:

> Aquele que está convencido da verdade de sua fé acredita que, se essa linha fosse prolongada e se chegasse a estar frente a frente com o Deus em quem ele tem fé, esse Deus poderia sem dúvida ser muito diferente daquilo que ele havia imaginado, mas favoreceria o caminho empreendido para chegar até ele.[26]

Compreende-se da mesma forma que em cada caso, preservando o valor nocional, é preciso construir o conceito sobre a realidade específica à qual o mesmo é aplicado. De sorte que, falando de Deus, o conceito de vida, como qualquer outro conceito que a ele se aplique, deve ser um *construto único*, só predicável a seu respeito e, por isso mesmo, nunca adequado, porque não pode ser adequada nossa compreensão de sua realidade infinita. É isso que, a seu modo, a teoria da *analogia* sempre tentou explicar e para onde aponta a insistência atual na importância do *simbólico*.

A importância decisiva para a questão do caráter *pessoal* de Deus salta aos olhos. É claro que, *enquanto conceito*, "pessoa", predicada de Deus, é algo único e irrepetível, não aplicável com o mesmo significado a nenhuma outra realidade no céu ou na terra. Mas isso não impede que o *nocional* implicado em tal conceito seja aplicado a Deus tão real e verdadeiramente como no caso da vida, da consciência ou da bondade. A abissal diferença em relação ao conceito de pessoa próprio de qualquer outra pessoa finita é certamente real, mas não pode nunca ser acentuado para trás, para o neutro ou impessoal, mas única e exclusivamente para diante, para sua potencialização infinita.

Em conseqüência disso, a *diferença* nunca pode traduzir-se em *negação*. Embora a bondade divina não seja como a nossa, nunca diremos que Deus *não* é bom ou que é *menos* bom. Do mesmo modo, é necessário qualificar o conceito de pessoa quando o mesmo for aplicado a Deus, para evitar, na medida do possível, qualquer confusão; mas isso não deverá ser feito nivelando-se "por baixo", negando-lhe ou diminuindo-lhe o caráter pessoal; pelo contrário, será necessário acentuá-lo até uma abertura infinita.

É o que se faz, com toda a razão, quando se afirma que Deus é *infinitamente-pessoal*, expressão na qual o hífen indica que a expressão se constitui numa unidade indissolúvel, posto que a qualificação "infinito" determina a *noção* "pessoal", como valor compartilhado por nós humanos, mas construindo assim um *conceito* aplicável somente a Deus. O mesmo poderia servir para expressões como "trans-pessoal" ou inclusive "mais-do-que-pessoal", desde que "trans" e "mais-do-que" não impliquem — esse é o perigo inerente à sua proposição — negação ou redução do pessoal.

A explicação foi longa, mas por isso mesmo a aplicação pode ser breve. À medida que o diálogo e encontro com o Oriente ajudar a purificar e romper os limites do *conceito* de pessoa quando o mesmo for aplicado a Deus, procurando assegurar seu caráter absolutamente único, poderá representar uma contribuição inestimável. Mas se for traduzido — como acontece em demasiadas ocasiões — num cancelamento ou anulação de todo o *fundo nocional* incluído nesse conceito, estaria se começando a trilhar, em minha opinião, um caminho errado.

Pelo menos esse é o caso quando, como acontece neste trabalho, se aceita como básica a convicção de que aí reside um dos pontos básicos que fornecem a chave da especificidade cristã: Deus como *Abbá*, Pai/Mãe, que livremente cria por amor e só por amor.[27] Assegurar essa convicção — que felizmente não é exclusiva em todos os seus aspectos, mas que nele se constitui em visão central e unitária, em síntese coerente e conseqüente da vivência religiosa[28] — representa a grande contribuição do cristianismo à humanidade. Renunciar a ela em nome de um pluralismo aparentemente respeitoso me pareceria um enorme empobrecimento não só do cristianismo mas também da experiência religiosa enquanto tal, incluída, obviamente, a oriental.

Nesse sentido, a postura de Henri de Lubac, acentuando em excesso as diferenças,[29] não me parece acertada; mas pode supor um saudável sinal de alerta. Pelo contrário, tentativas como por exemplo a de John Hick — com sua equiparação da visão do *Eternal One*, indiferente ao fato de ser qualificado como "pessoa" ou como "não-pessoa"[30] — se tornam, a meu ver, muito ambíguas e pouco convincentes. O que não impede de reconhecer que o contato com o apofatismo budista ou com os "muitos nomes" do hinduísmo pode ajudar a compreender melhor essa personalidade materno-paterna, permitindo libertá-la de "fantasmas" infantilizantes ou de limites objetivantes e propiciando sua abertura à infinita sugestão do símbolo.

Embora com maior cautela, algo semelhante atrevo-me a dizer do exagerado recurso imediato a conceitos como o do *advaita* ou da "não-dualidade". Sua pertença ao marco de outra cultura deve animar a acolher seu impulso transcendente e aproveitar o chamado para não se tornar prisioneiros das meras diferenciações empíricas. O perigo está em insistir tanto em sua indeterminação semântica a ponto de se pressupor que só existe para o pensamento ocidental, enquanto o significado seria claro ou unívoco para *a* tradição oriental.[31] Basta pensar na infinidade de confissões e de escolas — com suas diferentes e inclusive contraditórias interpretações — para ver que tampouco esse é o caso do Oriente. O recurso verbal e a sugestão mais ou menos exótica podem servir de ajuda, mas não suprem o trabalho — humilde e insuficiente, embora necessário — do conceito.

Mais ainda, convém não esquecer a existência perene de uma irrefreável luta da espiritualidade oriental — começando por toda uma amplíssima corrente do budismo! — para conferir um rosto pessoal ao Divino. Com o que, muito conscientemente, estou acenando para um problema que mereceria um estudo muito mais detalhado. Pois há tempo suspeito que os clichês culturais de contraposição Oriente-Ocidente, neste caso, operaram uma simplificação que pode se tornar esterilizante.

Com efeito, centrar a discussão nos traços de algumas escolas determinadas, como acontece com freqüência (é o caso do budismo Zen), para partir do pressuposto de que *o* Oriente é "impessoal", torna-se não só profundamente irrealista mas, além disso, injusto para com outras tradições igualmente orientais. Tradições que continuam vivas e que talvez sejam majoritárias, já presentes no Vedismo, e desde então profundamente entranhadas no budismo mahayana e em grande parte — se não na maior parte — das tradições hinduístas, incluídas algumas dos Upanishads,[32] para não falar de toda a piedade e da mística da *bhakti*.[33]

De qualquer forma, não é este o lugar para abordar um problema tão complexo e delicado, que, além do mais, ultrapassaria em muito minha competência para empreendê-lo. Minha esperança é que o que aqui se disse sirva tanto para esclarecer um pouco mais o sentido da presente reflexão quanto para chamar a atenção sobre um problema que, com certeza, ainda suscitará muitos trabalhos e produzirá importantes resultados.

## 3. A "inreligionação" como modo do encontro

### 3.1. Os avanços: diálogo inter-religioso e inculturação

Esta seção procura aproximar-se de maneira mais explícita ao modo de realização concreta do encontro entre as religiões. Trata-se de uma questão que se apresenta cada dia com mais força, devido ao avanço teórico no diálogo e, sobretudo, ao contato real entre fiéis de distintas confissões e tradições religiosas. Torna-se importante propor a questão referente ao que acontece ou pode acontecer para os próprios crentes quando esse encontro com outras religiões é levado a sério. Positivos ou negativos, os efeitos são reais e podem, em certas ocasiões, acabar se tornando muito decisivos.

Acima de tudo é evidente que, por mais diferentes que sejam os posicionamentos a respeito, em geral todas as religiões participam de um novo clima comum, mais aberto, mais flexível, mais dialogante e, por isso mesmo, mais arriscado, mas também mais promissor para o futuro. Vão aparecendo inclusive novos modos de conceber e viver essa realização concreta, e surgem conceitos e categorias que até agora não eram usados, ou eram usados com uma ênfase menor.

O próprio fato de que tenha se tornado habitual falar de diálogo *inter-religioso* — ou até mesmo *intra-religioso*, como o faz sobretudo Raimon Panikkar[34] — supõe um ganho apreciável. Sugere imediatamente uma estrutura plural, um intercâmbio em rede, onde não se focaliza tudo num só ponto. Pela mesma razão, torna-se mais evidente a realidade de um intercâmbio horizontal, do qual todos podem sair ganhando, porque todos têm a possibilidade de dar e receber. Paul Ricoeur expressou isso com uma linda metáfora, falando de uma "hospitalidade interconfessional, comparável à hospitalidade lingüística *(langagière)* que define a tradução de uma língua para outra".[35]

De modo significativo, há tempo isso era reconhecido inclusive pelo documento *Diálogo e anúncio*, do Conselho Pontifício para o Diálogo entre as Religiões;[36] reconhecimento que, no interior da Igreja Católica, conferia-lhe um notável caráter oficial e que desde então foi se afirmando com insistência (talvez devido ao importante choque ocasionado pela *Dominus Iesus* no ano 2000).[37] Insistindo no fato de que não pode tratar-se tão-somente de um processo meramente teórico, mas deve supor também abertura e disponibilidade internas, com espírito de diálogo e comunhão, observa que consiste

> [...] no conjunto das relações inter-religiosas, positivas e construtivas, com pessoas e comunidades de outras confissões, tendentes a um conhecimento e enriquecimento recíproco, na obediência à verdade e no respeito à liberdade (n. 9);

e esclarece:

> [...] Uma valorização justa das outras tradições religiosas supõe normalmente um contato estreito com as mesmas. [...] É preciso aproximar-se dessas tradições com grande sensibilidade, já que as mesmas contêm valores espirituais e humanos. Exigem nosso respeito, dado que, no decurso dos séculos, deram testemunho dos esforços feitos para encontrar as respostas "aos enigmas recônditos da condição humana" (*Nostra aetate*, n. 1) e se tornaram lugar de expressão da experiência religiosa e das mais profundas aspirações de milhões de seus adeptos, algo que ainda hoje continuam fazendo (n. 14);

e logo depois concretiza mais ainda:

> [...] Embora mantendo intacta sua identidade, os cristãos devem estar dispostos a aprender e a receber dos outros e por seu intermédio os valores positivos de suas tradições. Assim, mediante o diálogo, podem animar-se a vencer os preconceitos entranhados, a revisar as idéias pré-concebidas e aceitar, em determinadas ocasiões, que a compreensão de sua fé seja purificada (n. 49).

Ainda que não seja difícil perceber uma clara reticência em qualificar de estrita e diretamente "religiosos" esses valores cuja presença é reconhecida, o avanço é notável. De qualquer modo, como se pode ver, partindo do conceito de revelação subjacente à nossa reflexão, essa reticência desvanece-se por si só.

Falou-se também de outras categorias. O teólogo brasileiro Afonso Soares, pensando principalmente nas religiões afro-americanas, insistiu na categoria do *sincretismo*, que a seu ver reconhece melhor a legitimidade e a presença distinta e atuante das diferentes tradições num mesmo sujeito ou comunidade.[38] A essa categoria faz referência também Aloysius Pieris, que a prefere à de *síntese*, também por ele citada,[39] acrescentando a de *simbiose*, na qual todas as religiões, "estimuladas pela postura própria de cada uma com relação às aspirações libertadoras dos pobres [...], se redescobrem e se reformulam em sua especificidade como resposta às posturas das demais religiões".[40]

É indubitável, todavia, que o avanço de dimensões mais profundas produziu-se com a quase unânime acolhida do conceito de *inculturação*,[41] o qual, além de ser reconhecido oficialmente como um "belo neologismo",[42] representou um dos avanços teóricos mais importantes nesse campo. O princípio radical foi expresso com ênfase por João Paulo II em 1982: "Uma fé que não se torna cultura é uma fé que não foi plenamente recebida, nem inteiramente pensada, nem inteiramente vivida".[43] E a encíclica *Redemptoris missio* (1990) explicitou as conseqüências para o encontro real das religiões:

> Por meio da inculturação, a Igreja encarna o Evangelho nas diversas culturas e, ao mesmo tempo, introduz os povos com suas culturas em sua própria comunidade; transmite às mesmas os seus valores, assumindo o que há de bom nelas e renovando-as a partir de dentro. [...] Graças a essa ação nas Igrejas locais, a própria Igreja universal se enriquece com expressões e valores nos diferentes setores da vida cristã, como a evangelização, o culto, a teologia, a caridade; conhece e expressa melhor ainda o mistério de Cristo, ao mesmo tempo em que é estimulada a uma contínua renovação. Esses temas, presentes no Concílio e no Magistério posterior, eu os afrontei repetidas vezes em minhas visitas pastorais às igrejas jovens (n. 52).

Com efeito, dado que a fé, como toda experiência, não pode existir em "estado puro", devendo sempre ser interpretada já numa cultura concreta, sua própria expansão cultural a obriga ao diálogo e ao intercâmbio. Mesmo sem poder chegar às teorizações atuais, isso foi compreendido — inclusive desde o começo — pelo judaísmo primeiro e pelo cristianismo depois.

A Tradução dos Setenta, com tudo o que representava a tarefa de verter a tradição hebraica para um molde cultural tão distinto como o helenístico, mostrou-o de forma muito viva. E não só não foi vista como uma perda mas também era tão estimada que se chegou a falar de uma origem milagrosa; e inclusive, mais tarde, "alguns pensadores católicos sustentaram que a [versão dos] Setenta é divinamente inspirada".[44] Em relação à mensagem evangélica, sua tradução para o grego não representou uma aventura menor, como o demonstra abundantemente a discussão, suscitada sobretudo por Adolf Harnack, a respeito da "helenização" do cristianismo.[45]

Seja qual for a postura que se tome a esse respeito, no fim das contas isso tudo levou a compreender que é preciso aplicar a todo encontro cultural aquilo que Ambroise Gardeil disse de uma forma mais concreta: "Não pedimos aos que querem se converter uma conversão dupla: a primeira ao catolicismo e a segunda à escolástica".[46] Felizmente, embora nem sempre seja fácil pô-lo em prática, as missões assumiram que não se pode exigir de um indiano ou de um africano que, para ser cristão, se converta primeiro à cultura ocidental. O fato de não ter compreendido isso em tempo levou a conseqüências nefastas, como o demonstra a triste lembrança das polêmicas a respeito das tentativas de Mateo Ricci na China e de Roberto De Nobili na Índia.[47]

Nessa perspectiva, a categoria da inculturação deve ser recebida com os braços abertos. Contudo, isso não pode dissimular seus limites. Não obstante as críticas atuais, como, por exemplo, a de Raúl Fornet Betancourt, não há razão que leve ao seu abandono total — o que tampouco ele pretende, pois a considera "uma das grandes contribuições nas quais vai se concretizando a profunda renovação inspirada pelo novo espírito que sopra com o Concílio Vaticano II"; pelo contrário, o que se pede é uma aguda revisão.[48] Todavia, se no plano mais diretamente cultural seus perigos são evidentes, muito mais importante é levá-los em conta no plano estritamente religioso.

Porque, falando da relação entre *culturas*, Betancourt tem razão ao argüir que, em princípio, devem situar-se todas no mesmo plano; do contrário, pode-se chegar ao imperialismo de uma cultura — normalmente a ocidental — sobre as demais. Por isso ele defende uma passagem da inculturação para a "interculturalidade", a qual, mediante a "contração" e a "renúncia" a toda propensão impositiva ou excludente, abre-se à acolhida do outro e dos outros. Falando da relação entre a *religião* e as *culturas*, isso se torna ainda mais necessário, e, inclusive, de certo modo, mais fácil, já que o discurso se situa em planos mais claramente distintos. É certo que a distinção não pode ser adequada, posto que a religião também é "cultura", estando, como de fato está, sempre incorporada numa circunstância determinada. Mas enquanto experiência específica, embora não se possa *separar* — nem, como ele afirma, converter-se em instância puramente "metacultural" ou "transcultural" —, pode-se e deve-se, isso sim, distingui-la dos demais fatores culturais; é essa justamente a razão pela qual uma mesma *fé*, embora realmente sempre esteja numa inculturação concreta, *enquanto experiência radical*, não fica submetida à cultura, e por isso pode tanto autocorrigir-se quanto "ser traduzida" para culturas diferentes.

## 3.2. Da "inculturação" à "inreligionação"

Por conseguinte, a inculturação é um conceito legítimo no encontro inter-religioso e representou um avanço ao qual não se pode renunciar. Outra questão é saber se isso é *suficiente* para responder às perspectivas que foram se abrindo a partir da experiência e da reflexão atuais. Não é fácil abandonar da noite para o dia atitudes entranhadas, e muito menos mudar um paradigma global de interpretação. Continua muito arraigada a convicção de uma distinção (demasiadamente) taxativa entre cultura e religião. Não muito tempo atrás o então Card. Ratzinger, atual Papa Bento XVI, por exemplo, insistia em mantê-la, argumentando que na evangelização dos povos "o anúncio cristão criou laços com a filosofia, não com as religiões".[49] Ainda aninham-se no inconsciente coletivo resquícios muito fortes de um estilo baseado na concorrência, que interfere no discurso e exige que se tenha cautela.

O perigo principal aponta, no fundo, para uma deficiência hermenêutica, pois continua trabalhando com o pressuposto de um dualismo excessivo entre religião e cultura, de modo que ambas acabariam sendo claramente separáveis. Então, dito de um modo um tanto brutal, a conseqüência é que, em última instância, deve-se respeitar a *cultura*, mas se pode ou se deve suprimir e substituir a *religião*.

A história, nesse sentido, torna-se cruelmente instrutiva. No encontro entre as religiões, o resultado tem sido demasiadas vezes verdadeiramente nefasto: mesmo nos raros casos em que foi possível respeitar a cultura, de uma forma quase fatal ficou-se cego para o valor "religioso" das religiões, levando-se a considerá-las obra do demônio ou fruto da perversão humana.[50] As conseqüências são conhecidas: perseguição de fiéis e de sacerdotes, queima de escrituras sagradas, destruição de templos, esforço para apagar na raiz o imaginário religioso e tentativas repetidas de arrasar todas as tradições.

A esta altura não é difícil descobrir aí as conseqüências de todo um paradigma anterior, sobretudo no modo de conceber a revelação. Não se trata agora de se enfurecer com a história passada, mas de estar alertas contra os restos — normalmente inadvertidos, mas nem por isso menos eficazes — desse paradigma. O que hoje se torna absolutamente necessário é erradicálos. E justamente o que aconteceu com a "inculturação" pode servir de modelo para abrir uma nova frente de avanço, pois proporciona uma analogia que não convém ignorar.

Toda religião se "incultura", pois constitui — *sempre* e por necessidade *intrínseca* — a interpretação de uma experiência originária. Para se tornar compreensível e poder ser vivida, deve encarnar-se nos "elementos culturais" das pessoas e comunidades às quais está se apresentando. Algo que fica muito claro quando, como acontece com as religiões universais, uma religião se estende para fora da cultura na qual nasceu. Por que não deveria acontecer o mesmo com os "elementos especificamente religiosos"? Por isso não é difícil ver que, ao lado — e além — da "in-culturação", seria necessário falar de "in-religionação".

Na realidade, só os hábitos adquiridos podem fazer com que, à primeira vista, isso pareça estranho. Mas note-se que já num primeiro nível se torna muito difícil, para não dizer impossível, distinguir, muitas vezes, entre o cultural e o religioso num mesmo fenômeno; e mais ainda quando se trata de tempos ou culturas não secularizadas.

E pode-se ir mais a fundo. Levando a sério o fato de que toda experiência religiosa genuína é resposta à universal e viva presença de Deus, e que nessa mesma medida é revelada e verdadeira, constituindo um caminho real de salvação, torna-se óbvio que não tem sentido suprimi-la. E mais:

*objetivamente* — e não se trata de fazer juízos de intenção — tentar fazer isso suporia a atitude blasfema de querer apagar ou anular uma presença real de Deus no mundo. De forma consciente, nenhum crente pode pretender tal coisa. Se realmente se considera possível oferecer alguma contribuição a uma outra religião, isso só poderá ser feito não para negá-la mas para que esta, se quiser ou puder, se *enriqueça,* ou inclusive se corrija, com essa contribuição. Da mesma forma que no cristianismo aprendemos algo com uma religião diferente e nem por isso nos sentimos obrigados a deixar de ser cristãos; o que acontece é que simplesmente acolhemos *em nossa religião* os elementos valiosos que chegam até nós provenientes de uma outra religião, ou para melhorar e corrigir os que já temos.

Isso — só isso, mas nada menos do que isso — é o que pretende sugerir a categoria da *inreligionação*: assim como na "inculturação" uma cultura assume riquezas religiosas que lhe vêm de fora, sem renunciar a ser o que ela é, o mesmo deve acontecer no plano religioso. Uma religião, que consiste em saber-se e experimentar-se como relação viva com Deus ou com o Divino, quando percebe algo que pode completar ou purificar essa relação, é normal que procure incorporá-lo. Para conseguir isso não há outro caminho autêntico a não ser recebê-lo *em* e *através* dos elementos da sua própria vivência religiosa. Esta pode ser aperfeiçoada ou inclusive corrigida; mas essa mesma atitude significa que ela continua permanecendo, e que é em seu seio que assimila o novo; ela é o meio no qual se encarna e se expressa a nova experiência.

Tal é o verdadeiro significado da inreligionação: no contato entre as religiões, o movimento espontâneo em relação aos elementos que chegam a uma religião provenientes de outra deve ser o de incorporá-los ao seu próprio organismo, que dessa forma não desaparece; pelo contrário, longe de suprimir-se, *afirma-se* mediante uma transformação que pode torná-la mais crítica, mais rica e mais universal. O que, por sua vez, repercute na outra religião, pois a partir da própria tradição e da própria experiência aquilo que é acolhido é transformado e enriquecido.

Há algo de fascinante nessa perspectiva. Todavia, por menos que se pense, é muito realista. Pois não se trata de um processo que se realiza abstratamente, mas na complexa riqueza da vivência concreta: "Não há diálogo entre duas religiões, mas unicamente entre pessoas que praticam e vivem a própria religião".[51]

Analisemos o caso de um budista *hinayana* que, em seu diálogo com o cristianismo, descobre o rosto pessoal e amoroso do Divino. É óbvio que sua concepção, digamos "anátmica", será modificada; mas também é verdade que, por sua vez, essa concepção será direcionada para a paternidade divina reinterpretando-a a partir de sua sensibilidade específica, talvez mais sensível ao perigo antropomórfico e mais aberta ao sentido de acolhida, do "deixar-se ser e gerar" por Deus (em vez de tentar "convencê-lo" através da petição ou de "obter seu carinho" através do empenho voluntarista). Nesse caso, o budista, tenha feito ele ou não um processo de inculturação, assimilou a partir de sua própria vivência *religiosa* — "inreligionou" — um elemento que ele recebeu da religião cristã. Partindo-se do outro lado se pode, logicamente, fazer uma reflexão paralela: um cristão que no encontro com o budismo descubra esses valores os assimilará a partir de sua própria vivência religiosa, vivendo de uma forma mais crítica e mais rica seu sentido personalista da "filiação" divina.

Observe-se que para isso não é preciso recorrer ao artifício barthiano de afirmar que o cristianismo é uma "fé" e não uma "religião". Basta ter compreendido que toda religião — também a cristã, obviamente — é religião porque consiste sempre em ser uma *fé interpretada*. E então se compreende também que enormes perspectivas podem se abrir. A riqueza que foi recebida com dom em Cristo pode ser explorada, enriquecida e aprofundada para nossa assimilação e realização histórica, não só a partir das perspectivas das outras culturas, mas também a partir da contribuição proveniente das demais religiões. Quem tem direito a se fechar *a priori* a tudo aquilo que aqui pode representar o futuro?

Como sempre acontece, a consideração de princípio se torna mais fácil e mais clara do que a sua aplicação aos fatos. É claro que a realização concreta, inclusive contando com a maior boa vontade e abertura, costuma ser cheia de obstáculos e nunca livre de ambigüidades. Por isso convém, acima de tudo, insistir que se trata de um marco global e de uma atitude de fundo.

Desde já deve-se afirmar que nem toda relação entre religiões diferentes têm a mesma proximidade; por conseguinte, a renovação introduzida pelo enxerto assumirá graus diversos e apresentará características peculiares. Não há razão para se tratar de um processo simétrico; ou seja, cada "inreligionação" deve acontecer segundo os modos e as possibilidades concretas das religiões que se encontram. Em questões tão delicadas e transcendentes, o respeito e a generosidade não devem fechar os olhos impedindo que se perceba o realismo da diferença.

A assimilação pura e sem atritos raramente será possível, pois entre as religiões existem, em muitos casos, elementos incompatíveis e inclusive contradições que podem ser muito profundas. Não é a mesma coisa o encontro com uma ampla tradição religiosa, enriquecida e purificada pela crítica interna e pelo diálogo externo, e o encontro com algumas tradições mais elementares, muito fechadas em si mesmas e pouco trabalhadas por uma crítica de crenças ou práticas que a história já demonstrou serem superadas. A cautela e o respeito no julgamento devem ser excepcionais, mas seria ingênuo ignorar o inevitável aspecto "dramático"[52] do diálogo, e acabaria revelando um falso respeito o ato de fechar os olhos diante de usos ou ritos claramente inumanos e aberrantes.

Não teria sido necessária essa consideração para compreender que a inreligionação, da mesma forma que a inculturação e o diálogo em geral, sempre constitui-se numa tarefa difícil, que exige paciência e compreensão, capacidade de renúncia e disposição para a mudança.[53] Assim como nem sempre é fácil distinguir com exatidão entre o puramente "cultural" e o especificamente "religioso". Contudo, a meu ver, a dificuldade não inviabiliza a validade da proposta: tocar e tentar transformar o profundo nunca foi nem será fácil; mas isso indica que se está trabalhando com aquilo que verdadeiramente vale a pena.

## 3.3. Presença implícita da "inreligionação" na teologia atual

A palavra é nova e certamente pode parecer um tanto estranha, mas o mesmo não acontece com a realidade de seu conteúdo.

De fato, já são Paulo, na carta aos Romanos (11,16-24), ao meditar sobre a relação entre judaísmo e cristianismo, a caracteriza como um "enxerto".[54] Ora, num enxerto a árvore receptora não é suprimida, mas enriquecida com um elemento novo, que a torna suscetível de mais abundantes e melhores frutificações. Por sua vez, esse elemento se sente acolhido num espaço vital do qual antes não dispunha, e alimentado com uma seiva que antes não possuía. Não há anulação, mas enriquecimento mútuo.

E tenho a impressão de que, embora ainda não o nome ou a categoria, na reflexão teológica atual se está fazendo presente o conteúdo. Observem-se, a título de exemplo, as seguintes observações de Michael Amaladoss:

> Outra pergunta que poderíamos nos colocar é se fica fácil separar os elementos culturais dos elementos religiosos, de tal modo que se possa afirmar que integramos os primeiros enquanto mantemos a devida distância em relação aos últimos [...]. Mas se poderia propor outra questão. Se reconhecemos os "elementos verdadeiros e santos" como sementes que se encontram não só em outras culturas mas também em outras tradições religiosas (cf. *Redemptoris missio*, n. 28), e se hoje damos um passo adiante e vemos a ação do Espírito Santo em outras religiões, o que há de mal na integração também de elementos religiosos, na medida em que não se trate de superstições e ajudem a expressar de uma forma mais adequada os mistérios que celebramos?[55]

E além do mais, eu mesmo me deparei com a surpresa de que Aloysius Pieris utilizou a palavra "inreligionação".[56] Ele o faz de forma ocasional, sem convertê-la em objeto temático de sua reflexão, talvez por restringi-la excessivamente, definindo-a como "a penetração pacífica de uma religião metacósmica no espírito e nos costumes de outra religião, neste caso, cósmica".[57] Todavia numa outra ocasião, apesar de reduzi-la ao encontro com o mundo religioso da Ásia, ele assinalou muito bem o seu alcance geral:

> O próprio termo "inculturação", que é de origem e inspiração romano-católica, está baseado nesta dicotomia latina entre cultura e religião, no sentido de que pode significar (e com freqüência significa) a inserção "da religião cristã sem (minus) cultura européia" numa "cultura asiática sem (minus) religião não cristã". Isso é inconcebível no contexto sul-asiático ao qual fizemos referência. O que parece ser possível, isto sim, e provavelmente necessário, não é a inculturação, mas a "inreligionação" da igreja.[58]

Pieris é muito enérgico ao indicar os perigos (do mau uso) da inculturação. Ele fala de "vandalismo teológico",[59] de "teologia cripto-colonialista"[60] e de "teologia-de-Cristo-contra-as-religiões".[61] Na base dessa atitude é que ele situa a "noção reducionista da religião",[62] presente na teologia ocidental e da qual ele não exclui totalmente a própria teologia da libertação (da mesma forma que não exclui Ricci e De Nobili dos defeitos da inculturação).[63]

Conduzido por sua justa preocupação em distinguir o que é verdadeiramente libertador em *todas* as religiões — sobretudo enquanto asseguram "a dimensão libertadora da pobreza" — daquilo que há de alienante nas mesmas, não se preocupa em elaborar a nova categoria e sua conseqüente crítica, continuando a operar com a categoria da "inculturação". A meu ver é uma pena, devido à agudez e criatividade teológicas que o caracterizam. Mas o fundamental fica claramente expresso e confirmado.

Seria inclusive o caso de continuar explorando essa dimensão teórica para demonstrar a presença, não da palavra mas de seu conteúdo, em outros autores, como parecem insinuá-lo a própria Simone Weil, a propósito do "amor às práticas religiosas",[64] Richard Schäffler, ao analisar a partir do ponto de vista da filosofia da religião o fenômeno atual da assimilação seletiva de elementos de outras religiões,[65] ou também a postura à qual já aludimos de um "inclusivismo recíproco" por parte de Robinson B. James. Pode ser particularmente eloqüente uma citação de Jürgen Moltmann:

A cultura não pode ser separada da religião. Por isso hoje devemos perguntar também pelos motivos hindus, budistas e islâmicos da fé em Jesus. Isso não pode ser considerado, sem mais nem menos, como *sincretismo*. Assim como o cristianismo cunhado nas diferentes culturas não se reduz a uma miscelânea cultural, o cristianismo forjado a partir das diversas religiões tampouco é simplesmente uma mescla de religiões, mas a *revivificação carismática* dos diferentes dons, forças e possibilidades religiosas, orientada para o reino de Deus e para a libertação do homem. [...] Se a vocação especial da cristandade é preparar a era messiânica entre os povos e preparar o caminho para a salvação vindoura, nenhuma cultura pode ser eliminada, bem como nenhuma religião pode ser extinta. Pelo contrário, todas podem ser acolhidas e transformadas de um modo carismático na força do Espírito. Isso não significa eclesializá-las ou cristianizá-las, mas orientá-las messianicamente para o reino. Os homens de outras religiões e estas mesmas religiões trazem uma multiplicidade de energias e de possibilidades que não podem ser reprimidas pelo cristianismo, devendo ser plenificadas de esperança por ele.[66]

Para finalizar, vale a pena fazer alusão a um *fenômeno prático* de forte cunho espiritual e teológico. Refiro-me àquelas pessoas que, profundamente imersas em duas tradições religiosas, vivem ambas como propriamente suas. Trata-se de fatos de dupla pertença religiosa que são (ainda) excepcionais, mas que certamente irão se multiplicar, requerendo muito pensar e muito viver no futuro. Tal é o caso daqueles que, como Raimon Panikkar ou Henri Le Saux, consideram-se a si próprios como hindus-cristãos. Michael Amaladoss exprime-se assim:

Hoje em dia, na Índia, alguns se sentem herdeiros de duas tradições religiosas. O hinduísmo e o budismo não são para eles duas realidades exteriores.

Trata-se de sua própria herança. Assim, levam a cabo um esforço consciente para integrá-los em sua vida. Ocasionalmente consideram-se a si mesmos hindus ou budistas-cristãos. Com certeza trata-se menos de um processo de integração e mais de um contraponto sempre presente e incessantemente em tensão para a harmonia.[67]

Um fenômeno de tal profundidade não se dá sem problemas. Claude Geffré se pergunta: "É preciso chegar a dizer, sem paradoxo, que há uma maneira cristã de ser um hindu, um budista ou um confuciano?"[68] E Jacques Dupuis coloca a questão de uma forma ainda mais compreensiva: "Precisamos nos perguntar se é possível, e até que ponto, partilhar duas fés religiosas diversas, tornando-as próprias e vivendo-as contemporaneamente na vida religiosa de cada pessoa".[69]

Não se pode negar que a pergunta é grave e pertinente, porque se trata de algo que poderia levar a uma estranha esquizofrenia religiosa. A mística de todos os tempos mostra que a experiência espiritual profunda tende a relativizar os ritos e os conceitos. A questão é se a relativização pode ser total, de sorte que a experiência pode ser a mesma sob sistemas teológicos e cultuais muito distintos e inclusive contraditórios em importantes aspectos. Tenha-se presente o problema ao qual fizemos alusão anteriormente, o do caráter pessoal ou não pessoal de seu Referencial último. Amor Ruibal, por exemplo, situava aqui a diferença específica da mística cristã em relação a outras (mais) filosóficas;[70] quanto a mim, já assinalei minha convicção de que o "pessoal" — entendido em toda sua amplitude crítica — me parece um caráter não só específico da experiência bíblica mas também algo ao que não se deve renunciar para uma experiência religiosa *integral*.

Não é fácil ver que se pode viver mais do que uma "fé", se esta, como deve ser, for vivida como o modo radical e integral de se relacionar com o Divino e organizar a partir dele toda a existência. Esse modo integral precisa se concretizar numa configuração concreta, a qual exige sempre uma certa coerência. E embora, como em tudo o que é profundamente *humano*, se trate de uma coerência ampla e elástica, o problema, repito, surge quando há conflito frontal entre elementos fundamentais. Parece que então a vivência pessoal requer uma organização a partir de uma perspectiva central, embora não se rechace sem mais nem menos a outra (que poderá continuar operando como instância crítica e perspectiva enriquecedora).

Desse modo, por exemplo, entre viver a esperança definitiva como nirvana "impessoal" ou como comunhão "pessoal", pelo menos se tomarmos esses conceitos em seu significado mais óbvio, não é fácil entender que é possível evitar uma escolha. Referindo-se a algo tão central, parece-me que se torna mais lógico tomar tão-somente algum aspecto, "inreligionando-o" como enriquecimento parcial, ou então assumir em toda a sua força a perspectiva, dando o passo rumo à "conversão"; neste último caso, sem com isso renunciar a toda a riqueza da própria tradição, o budista se torna cristão, ou o cristão, budista. De qualquer modo, mesmo no caso de que essa interpretação seja correta, tal vivência não teria razão para deixar de supor uma profunda transformação e reconfiguração da vivência religiosa inicial.

Manifestada essa impressão, prefiro insistir no fato de que o problema se apresenta tão delicado, profundo e complexo, que não há brechas para seguranças dogmáticas. Creio que o adequado, e inclusive simplesmente sensato, é manter-se aberto para esse tipo de experiências, para ver o que elas vão dando de si, tanto na prática vivida quanto na reflexão teórica. A relação humana com o Mistério divino é tão profunda e tão ampla que não convém confiar nos diagnósticos *a priori*, e muito menos insistir neles. De todo modo, o que pode ser dito é que o fenômeno ao qual fizemos referência é muito significativo para se ver — e confirmar — a validade da "inreligionação" enquanto categoria operativa.

## 4. Perspectivas

Chegando ao final deste percurso, um tanto esquemático, através de uma problemática tão extensa e delicada, convém darmos uma olhada no conjunto. O futuro não é previsível e não permite uma orientação clara; mas observar a situação pode pelo menos servir para uma orientação mínima.

## 4.1. O que foi adquirido

À base de todo o discurso esteve presente uma nova idéia da *revelação*, não mais concebida de maneira fundamentalista, como uma espécie de "ditado divino" que é preciso tomar à letra, mas como um "dar-se conta" daquilo que Deus, desde sempre e sem discriminação, está tentando comunicar a todo indivíduo, a toda comunidade e a toda cultura. Muito unida a essa nova idéia, e em boa parte graças a ela, marcou presença também a compreensão da *particularidade* como uma necessidade da realização — de toda realização — histórica, a qual, apesar de sua destinação universal, é sempre "situada" e, pela mesma razão, se torna desigual em suas conquistas e configurações.

A queda do *exclusivismo* — hoje, felizmente, em geral por todos reconhecida — representa a conseqüência mais saliente e de importância decisiva para o problema. Em continuidade com essa queda, tornou-se imperioso revisar e no fim das contas abandonar a idéia da *eleição* como um privilégio pelo qual, de maneira mais ou menos "voluntarista" ou "favoritista", a divindade escolheria alguns, decidindo deixar os restantes abandonados ou no mínimo relegados a um segundo plano. Na nova perspectiva, o ponto de partida para o diálogo tem sido, pelo contrário, a constatação da universal presença reveladora e salvífica de Deus, que leva a afirmar que, a seu modo e em sua medida, *todas as religiões são verdadeiras*.

A novidade da situação, ao propor problemas até agora inéditos, fez com que se percebesse a deficiência dos recursos até agora empregados, suscitando a busca de *novas categorias*. Três foram concretamente propostas neste nosso trabalho.

A primeira é a de um *pluralismo assimétrico*. Uma vez reconhecida e afirmada a presença universal da salvação, essa opção se torna mais coerente. A partir dela parece possível chegar a um difícil equilíbrio que deve dar conta de duas frentes: por um lado, manter tanto o respeito ao valor intrínseco de todas as religiões quanto o realismo de reconhecer a independência de seu nascimento e desenvolvimento na história; por outro, e também por realismo histórico e antropológico, não ceder nem ao relativismo do "tudo é igual", nem ao achatamento do buscar a universalidade no mínimo denominador comum. Em qualquer processo histórico de descoberta — seja na ciência, na filosofia ou na religião — todos vêem algo, mas nem todos o vêem na mesma medida e com a mesma clareza. Mas o fato de alguém ver mais ou melhor (nunca em todos os aspectos) não deve ser interpretado como uma privação aos demais de sua visão própria, mas, isso sim, como uma abertura de possibilidade de enriquecimento mútuo mediante o encontro e o diálogo. A "lógica da gratuidade" deve substituir a "lógica da concorrência" e, como está escrito, é preciso "dar de graça o que de graça foi recebido".

Nesse sentido, o trabalho assumiu a autocompreensão do cristianismo como *culminação definitiva* da revelação de Deus na história. Insistindo, fique claro, no fato de que tal culminação não priva nenhuma religião de sua verdade específica, pois refere-se unicamente às "chaves fundamentais", não à realização concreta, a qual é sempre deficiente por si mesma e em muitos aspectos pode estar, e de fato está, num estágio mais avançado em outras religiões. A alusão ao diálogo Oriente-Ocidente insistiu na importância, que a meu ver é irrenunciável, de afirmar o *caráter pessoal* do Divino (ou, em todo caso, mais-do-que-pessoal, nunca no sentido de negação, mas unicamente no de afirmação infinita).

Essa autocompreensão cristã acaba sendo sem dúvida tão ousada que só pode ser feita hoje com temor e tremor. E desde já obriga a uma revisão muito profunda da *Cristologia* que, seguindo o exemplo do próprio Jesus, precisa tornar-se (mais) teocêntrica. Ao fazer isso, todavia, agora também o realismo pede um delicado equilíbrio que, ao mesmo tempo em que acentua a centralidade de Deus, não desvaneça o papel único e irrenunciável da figura histórica de Jesus de Nazaré. Renunciando a entrar em especulações de segundo ou terceiro graus, como as que se referem ao "Cristo cósmico" ou ao *Logos ásarkos*, o presente trabalho optou por introduzir uma categoria — a segunda — mais ligada aos dados controláveis: a do *teocentrismo jesuânico*.

Expressão um tanto difícil, mas que procura esclarecer os dois pólos da árdua opção nesse campo. Mantendo com clareza o teocentrismo, abre espaços para um diálogo real e paritário com as outras religiões, às quais ninguém pode negar, em princípio, o direito à sua peculiar pretensão teocêntrica. Só depois, *a posteriori*, isto é, mediante o diálogo que compara as propostas e oferece as razões, há lugar para a opção global de quem acolhe o teocentrismo específico que se revela na palavra e no destino do Nazareno. Razões que fundamentalmente se concentram em sua proposta de Deus como Amor sem limite nem discriminação e como perdão incondicional e, em conseqüência disso, como fundamento de nossa relação filial com ele, bem como [nossa relação] de amor e serviço com os demais.

Esse esforço pelo equilíbrio estende-se para a terceira das categorias adotadas: a da *inreligionação*, a qual, reconhecendo o avanço pressuposto pela categoria da "inculturação", evidencia a necessidade de dar um passo a mais. O perigo está, de fato, em pensar que é suficiente respeitar a cultura, mesmo suprimindo-se a religião. Isso, a partir do paradigma adotado, equivaleria muito claramente à desmedida pretensão de suprimir uma presença real de Deus no mundo. Na verdade, embora o nome não apareça — só tive conhecimento de uma exceção em que foi usado —, a realidade expressa por esse nome tem uma presença marcante tanto na teologia quanto na espiritualidade.

Partindo-se da visão assim configurada, convém agora lançar o olhar para a situação atual, procurando ver algo daquilo que pode ser o futuro do encontro entre as religiões.

## 4.2. Ecumenismo in fieri: o tesouro no campo e as pegadas do Amado

Seja qual for o acerto dessas novas categorias, não há dúvida de que se inscrevem num clima geral que compartilha as mesmas inquietudes e que pressupôs uma profunda renovação teológica. De qualquer forma, o diálogo continua sendo difícil, e não há previsão de que se possa chegar à unidade. Aliás, pode-se pensar totalmente o contrário.

De qualquer forma, ser realistas não equivale a ser pessimistas. Além disso, é preciso se dar conta de que nem tudo, nem sequer o mais importante, decide-se no nível dos acordos teóricos ou das coincidências explícitas. O contato real e o conhecimento direto entre as diversas religiões fizeram notar a enorme complexidade do problema, que já não pode mais ser abordado com visões simplistas ou a partir de posturas excludentes. Ao mesmo tempo, porém, pôs em destaque a existência de múltiplos intercâmbios, que em alguns casos são conscientes, e que na maioria deles constituem toda uma rede de interinfluxos na práxis e de comunhão vivencial que estão produzindo aproximações cordiais e mudanças profundas na mentalidade.

É indubitavelmente exagerado afirmar, como o fizeram a maioria dos leitores da revista parisiense *Actualité des Religions*, respondendo a uma enquete, que a oração comum em Assis convocada por João Paulo II em 1986 "foi o acontecimento religioso mais importante do século XX, inclusive superando o Concílio Vaticano II".[71] Mas também não há dúvida de que um acontecimento desse tipo, tanto quanto a colaboração em tarefas missionárias, formativas ou assistenciais, a circulação de obras de diferentes credos entre os teólogos e a práxis estendida de intercomunhão em muitos fiéis... pressupõem a vigência de um ecumenismo real, quase sempre mais eficaz do que as discussões ou os diálogos eruditos ou oficiais. O que significa que, para além das teorias, se olharmos os processos que estão em marcha, compreende-se sem muita dificuldade que no seio do movimento profundo da história já está acontecendo um *ecumenismo em ato* ou *in fieri*, de alcance incalculável. Hoje praticamente todas as religiões entraram em contato; e é evidente que isso não ocorre sem dar frutos. As instituições cristãs estão real e verdadeiramente presentes nas demais religiões, da mesma forma que estas estão presentes na religião cristã.

Para citar alguns exemplos, e como de certa forma já foi assinalado, o estado atual do cristianismo não pode ser explicado sem o influxo das correntes espirituais que o alcançam provenientes do hinduísmo e do budismo, com sua maior abertura à tolerância e convivência entre as várias confissões. A presença do judaísmo continua sendo profundamente determinante e inclusive acentuou-se quando se tratou de compreender o núcleo mais sensível, a cristologia. O islã, por sua vez, apesar das exacerbações causadas pelo conflito político, recorda-lhe a necessidade de não esquecer a força configuradora do religioso na vida pública. Na África[72] e na América[73] as tradições ancestrais não deixam de proporcionar ao cristianismo um sentido profundo da solidariedade cósmica e da comunhão dos antepassados.

Por outro lado, não é artificioso pensar — é bom lembrar Gandhi — que a sacralização das castas foi profundamente enfraquecida pela afirmação cristã da igualdade de todos diante de Deus. Tampouco o é crer que o judaísmo atual está decididamente reconfigurado pelo impacto do universalismo cristão. Não é difícil prever que — apesar das atuais restrições, em grande parte condicionadas pelas tensões políticas — a leitura do Alcorão está sendo minada em sua literalidade fundamentalista, uma vez que os teólogos islâmicos entraram em contato com a crítica cristã da Bíblia. E a atual religiosidade da África e da América é simplesmente inconcebível sem a presença da missão cristã.

As observações são elementares e poderiam continuar.[74] O que se pretende sugerir é óbvio: de fato, está-se produzindo uma expansão real dos valores universalistas presentes em cada revelação concreta. E não se deve ficar lamentando, pura e simplesmente, o fato de que não se chegue à uniformização do pacto nem à unitária conformidade das doutrinas. Também o *pluralismo interativo*, a mútua e ativa presença daquilo que foi alcançado nas diferentes tradições, já é unidade em ato e universalidade em processo, que reaviva a consciência de permanecer no caminho.

E vamos logo dizendo: hoje em dia, outra coisa não é possível. Insistia nisso há anos Raimon Panikkar: não existe possibilidade de unificação acabada se não houver um contexto suficientemente unitário no interior do qual se possa de algum modo juntar as perspectivas. De fato, só há diálogo verdadeiro quando pelo menos os contextos culturais, religiosos e sociais entraram em contato, isto é, quando já se produziu uma certa unificação prévia.[75] E, como já tive ocasião de lembrar, recentemente Christian Duquoc pôs uma forte ênfase no caráter insuperavelmente fragmentário e conseqüentemente não unificável das distintas religiões:

O acúmulo de fragmentos não desemboca na construção de um todo que poderia constituir a unidade de sua disseminação. É verdade que cada fragmento sugere uma unidade em potencial, mas o conjunto dos mesmos, por não ter um elemento comum, não se impõe como uma unidade, muito embora talvez esteja à espera de uma unidade que naquele momento é indiscernível.[76]

Não há dúvida de que essa impossibilidade de fato comporta inconvenientes que podem chegar a ser muito sérios, como o demonstram a triste experiência das guerras de religião e inclusive o surgimento periódico de situações de intolerância. Mas também tem suas vantagens, até o ponto de se chegar a pensar, dada a condição humana, que a unificação total não seria sequer desejável.

Para compreender o que estou tentando dizer basta imaginar a hipótese oposta de uma só religião mundial: dificilmente escaparia à tendência uniformizadora do poder, com sua rígida hierarquização e seu dogmatismo empobrecedor. A história ensina algo a este propósito, se pensarmos simplesmente naquilo que seria hoje o catolicismo sem o contínuo aguilhão do "princípio protestante" (Tillich), bem como o que ambos seriam sem o estímulo das outras religiões e ainda sem a permanente crítica do ateísmo. Nada se pode fazer senão evocar o fantasma orwelliano de uma religião universal, com o divino perfeitamente administrado e com um *big brother* controlando em seu nome as consciências. Mas isso não nega, é bom que se diga, os custos da falta de unidade, embora talvez ajude a ver que também um pluralismo vivido com generosidade e abertura tem importantes vantagens.

(A alusão ao *ateísmo* permite-nos uma importante observação. Disso não se tratou de forma expressa ao longo da exposição, a fim de não complicar ainda mais uma questão que por si só é complexa. Mas é claro que, num futuro certamente próximo, deverá ocupar mais espaço neste tipo de abordagem. E não só por aquilo que a sua crítica ofereceu e continua oferecendo para a purificação das diferentes religiões quando estas sabem abrir-se ao que há de justo em suas perguntas e de estimulante em seus desafios, o que já é muito, mas também porque a radicalidade de seu questionamento constitui um chamado ao que é verdadeiramente fundamental, que no terreno prático pode desmascarar inércias ou interesses institucionais revestidos de piedade e no campo teórico pode servir de auxílio para relativizar muitas disputas meramente confessionais e dar mais relevância àquilo que une a todos a partir da autêntica profundidade do religioso.)

E as vantagens não são só negativas. Apoiando-se na metáfora da "sinfonia diferida", Christian Duquoc insiste ao longo de toda a sua reflexão em que o fato de ser impossível antecipar na história a perfeita unidade escatológica promove a fecundidade interna de cada religião e a riqueza do intercâmbio: "O caráter diferido da sinfonia outorga aos fragmentos a possibilidade de expressar sua originalidade e sua riqueza".[77]

De fato, tudo parece indicar que o encontro entre as religiões esteja vivendo uma nova fase. De uma humanidade que está se tornando aceleradamente planetária e de uma cultura extremamente castigada pelos diversos etnocentrismos poderão sair potencialidades inéditas que nem sequer estamos em condições de suspeitar e que, em todo caso, não devemos limitar de antemão. De qualquer forma, se a situação não produz a complacência do acordo expresso, mantém, isso sim, por sua vez, a sensação viva do Mistério, a não-monopolização do *Deus semper maior*. E com ela, a humildade do contínuo aprendizado, sem renunciar por isso ao oferecimento gratuito, nem à íntima alegria da própria convicção.

Dito de forma simbólica, e falando já a partir da autocompreensão cristã, o crente ou a crente estão hoje em condições de manter o equilíbrio de sua fé no gozo e na abertura de uma dupla experiência. Se realmente descobriram em sua vida o rosto do *Abbá* revelado em Jesus de Nazaré, poderão saborear a alegria evangélica de ter encontrado o tesouro pelo qual vale a pena "vender tudo aquilo que se tem" (Mt 13,44). E ao mesmo tempo, tal como são João da Cruz no *Cântico espiritual*, sabendo que esse tesouro eles o possuem no barro de sua acolhida sempre limitada e deficiente, continuarão atentos às demais religiões, para pedir-lhes com humildade fraternal: "Avisem se por vocês ele já passou".

## 5. Uma parábola para finalizar

Prosseguindo nessa chave simbólica, talvez valha a pena reproduzir, com algumas variantes propiciadas pelo amadurecimento do tempo, uma parábola que eu mesmo propus pela primeira vez no livro sobre a revelação.[78] Enquanto parábola, é um tanto longa, e talvez se consiga ver demasiadamente claro sua intenção, com o risco de transformá-la em alegoria explícita. Todavia a experiência me diz que, em geral, ela se torna esclarecedora como síntese viva e distanciada de toda polêmica imediata. Ei-la:

Tetragrammaton vivia na quarta dimensão. Era bom, poderoso, inteligente e feliz. Por isso desejava ardentemente comunicar sua felicidade. O problema estava — ele sabia disso — no fato de que, ao fazê-lo, devia produzir seres distintos dele: seres da terceira dimensão, isto é, seres inferiores, limitados, incapazes de compreendê-lo e praticamente cegos para a totalidade do real. Sim, pois como pode o ponto compreender a linha? Que sabe a linha da grandeza de sua superfície? O que a superfície retém da profundidade dos corpos? Que relação poderiam ter alguns seres tridimensionais com o abismo onicompreensivo da quarta dimensão? E havia algo ainda mais grave: esses seres estranhos e quase impossíveis deveriam arcar com as conseqüências das próprias e inevitáveis limitações, nomeadamente, o sofrimento da escassez, a tragédia do desajuste, a luta pela sobrevivência.

Tetragrammaton estava em dúvida. Valeria a pena? A felicidade que pretendia dar-lhes compensava a dor que não poderia evitar-lhes? Chegariam eles a compreender e a aceitar?

Mas a força do amor acabou vencendo. Ele estava disposto a fazer todo o possível e a perdoar todo o necessário. Além disso, pensou: de qualquer modo, sua substância mais íntima, o dinamismo profundo de seu ser, o próprio espaço em que habitam, levarão minha marca. De alguma forma acabarão pressentindo-me em tudo aquilo que sentirem, pensarem ou fizerem. Estando atento, pressionando com todos os meios do amor, conseguirei fazer-me notar. Cedo ou tarde aprenderão a pronunciar meu nome.

E assim tomou a decisão e começou a aventura.

Tetragrammaton, que de sua quarta dimensão tudo vê e tudo compreende, não desiste de seus projetos. Procura, por todos os meios, dar-se a conhecer. Aproveita qualquer circunstância para fazer sentir mais claramente sua presença.

Nem tudo é fácil, mas segue em frente. Na terceira dimensão, parece que muitos nem se apercebem. Outros sim. E até há indivíduos que demonstram uma sensibilidade especial. Então ele, aproveitando a abertura e sem forçar-lhes a liberdade, os estimula a ir em frente, fazendo-os sentir sua fascinação. Eles, por sua vez, entusiasmados pela descoberta, compreendem que Tetragrammaton é o nome daquele que desde sempre estava ali, chamando a todos, e por todos de algum modo pressentido. Por isso não conseguem guardar o segredo: proclamam sua experiência e gastam a vida procurando fazer com que, enfim, todos possam ir se dando conta.

Como sempre, uns se importam e outros não; uns compreendem bem e outros compreendem pela metade ou não compreendem nada; há os que acham graça, e não faltam os que ficam enfurecidos; em outros ambientes não negam a experiência, mas apresentam explicações alternativas. Em todo caso, a compreensão é sempre contagiosa e expansiva. Uma experiência chama outra experiência, e cada avanço abre novas possibilidades. Criam-se comunidades e formam-se tradições. Tetragrammaton não perde nenhuma ocasião. Onde há uma descoberta, alegra-se como um pai observando os primeiros passos de seu filhinho, e há quem diga que inclusive o seu coração se alegra. Apóia a todos e está atento à menor possibilidade.

Aconteceu então que um dia apareceu um pontinho no horizonte que, por sua situação, por sua sensibilidade, pelo jogo misterioso das circunstâncias, oferecia possibilidades peculiares. Assim como ele faz com todos em suas possibilidades, cultiva com cuidado as possibilidades típicas desse pontinho e consegue que nele se vá descobrindo um a um os projetos mais íntimos que estão destinados a todos. Chega um momento em que, naquilo que a terceira dimensão permite, consegue o que parecia impossível: surge alguém que, enfim, se abre totalmente a ele e compreende que seu amor é uma presença irreversível, que sua promessa é mais forte do que todos os erros. Algo tão magnífico que consegue efetivamente contagiar: os poucos que vivem nos primórdios acabam formando uma espécie de *phylum* expansivo que se abre ao inteiro âmbito da terceira dimensão.

Entretanto, apesar das aparências, Tetragrammaton não abandona os demais e continua cultivando-os com igual carinho e com toda a fecundidade permitida pelas suas circunstâncias e pela sua liberdade. O que naquele *phylum* poderia parecer um privilégio de "escolhidos" — e muitas vezes eles, o que é uma pena, assim o pensavam — nada mais é que um novo modo da estratégia de seu amor para com todos: cultivar intensamente as possibilidades de cada um é o melhor modo de alcançar mais plena e rapidamente os outros. No intercâmbio, todos saem enriquecidos. Mesmo assim, é inevitável que nem todos compreendam, e que surjam imediatamente lutas e rivalidades; na escassez da terceira dimensão, todos querem ser únicos e privilegiados. Mas os que estão no segredo sabem que Tetragrammaton sorri compreensivo: pensa em todos, e a todos envolve com idêntico amor.

Além disso, guarda uma surpresa misteriosa que só ele pode compreender e realizar: um dia acabará rompendo os limites de seu espaço para reunir todos na quarta dimensão. Ali seus olhos se abrirão.

Enquanto isso, ele ama, acompanha, apóia... e compreende.

# Notas

[1] A esta última categorização recorre, num contexto um tanto diferente, E. Jüngel, *Entsprechungen: Gott-Wahrheit-Mensch. Theologische Erörterungen*. München, 1980, p. 89; cf. 187-190.

[2] Pessoalmente, isso tornou-se para mim uma experiência palpável, da qual nunca serei suficientemente grato, em meu contato com o jesuíta indiano — jesuíta hindu? — Anthony de Mello. E a acolhida que suas obras receberam — bem como de toda a literatura espiritual semelhante à sua — mostra que se trata de um fenômeno que vai além do individual. Que possam haver equívocos, é normal; mas que avanço verdadeiro já se fez sem eles? (Cf. meu Prólogo a A. de Mello, *Obra Completa*. Santander, 2003, v. I, pp. ix-xvi).

[3] Comparative Religion: Whither — and Why? in M. Eliade & J. Kitagawa, *The History of Religions. Essays in Methodology*. Chicago, 1959, p. 42 (ed. espanhola: *Metodología de la historia de las religiones*. Barcelona, 1996).

[4] *The Intrareligious Dialogue*. New York, 1978; uso a tradução italiana: *Il dialogo intrareligioso*. Assisi, 1988, p. 101. L. Évely (*Cada día es un alba*. Santander, 1989) o afirma de uma maneira mais universal e simples: "Jamais deveríamos dialogar com alguém se não somos capazes de repetir suas palavras de uma forma que o satisfaça".

[5] J. Dupuis (*Rumo a uma teologia cristã do pluralismo religioso*. São Paulo, Paulinas, 1999, pp. 340-345) propõe expressamente a questão e remete aos seguintes estudos: D. S. Amalorpavadass (ed.), *Research Seminar on non-Biblical Scriptures*. Bangalore, 1975; Revelation in Christianity and Other Religions, in *Studia Missionalia* 20, 1971; I. Vempeny, *Inspiration in Non-Biblical Scriptures*. Bangalore, 1973; P. Rossano, Y a-t-il une Révélation authentique en dehors de le Révélation judéo-chrétienne? (Secretariatus pro Non Christianis) *Bulletin* 8/2, 1968, pp. 82-84; A. M. Aagard, The Holy Spirit in the World. *Studia Theologica* 28, 1974, pp. 53-171; M. Amaladoss, Other Scriptures and the Christian. *East Asian Pastoral Review* 22, 1985, pp. 104-115.

[6] Cf. uma boa panorâmica das diferentes "escrituras" e seu enquadramento no problema da revelação, in J. Melloni, *El Uno en lo Múltiple. Aproximación a la diversidad y unidad de las religiones*. Santander, 2003, pp. 61-74.

[7] Vale a pena citar algumas palavras da "Declaração" final de um seminário celebrado em Bangalore: "Nas comunidades não-cristãs da Índia, as escrituras são consideradas meios privilegiados e respeitáveis de salvação. Mediante um contato vivo com essas religiões, estamos nos dando conta, em nossa experiência cristã, de que o Espírito Santo está agindo dentro delas e de que elas manifestam de diferentes modos o único mistério de Deus. O agir do Espírito Santo, que faz com que tais textos reflitam as experiências dessas comunidades e que, portanto, lhes confere autoridade em relação a elas, expressa-se através de termos como 'visão', 'intuição', 'discurso divino' etc. Esse agir do Espírito não implica uma total adequação dos vários ensinamentos e das diferentes visões de mundo presentes em tais textos sagrados; entretanto, nós cristãos acreditamos que essa ação do Espírito confere a essas escrituras uma autoridade religiosa abrangente para as respectivas comunidades enquanto meios dados por Deus para conduzi-las ao seu destino último" (cf. D. S. Amalorpavadass, op. cit., 684; cit. por J. Dupuis, *Rumo a uma teologia cristã do pluralismo religioso*, 345).

[8] *Tratado sobre los judíos*. Salamanca, 1983.

[9] *La revelación*, p. 326, n. 25.

[10] *El único Cristo*, p. 130.

[11] K. Jaspers, que prestou muita atenção a esse fenômeno, procura fazer uma análise das diversas causas possíveis, sem no entanto conseguir assinalar concretamente nenhuma (cf. *Origen y meta de la historia*. Madrid, 1968, pp. 34-41). Talvez devamos nos satisfazer falando do "amadurecimento" que foi sendo incubado a partir da revolução neolítica.

[12] *Confissões*, XII, cap. XXV, 34.

[13] Disse-o muito bem J. J. Tamayo: "O diálogo faz parte da estrutura do conhecimento. A razão é comunicativa, não autista, e tem caráter dialógico" (*Fundamentalismos y diálogo entre las religiones*. Madrid, 2004, p. 137).

[14] Insiste nisso W. Pannenberg, Religious Pluralism and Conflicting Truth Claims. The Problem of a Theology of the World Religions, in G. D'Costa (ed.), *Christian Uniqueness Reconsidered. The Myth of a Pluralistic Theology of Religions*. New York, 1990, pp. 96-106, espec. 96-97.

[15] Cf. F. Marini, La misión y sus motivaciones. *Sal Terrae* 90, 2002, pp. 453-465, que insiste no carácter integral e atual da salvação.

[16] Cf. um bom resumo em A. Méhat, La philosophie, troisième Testament? *Lumière et Vie* 32/161, 1983, pp. 15-23.

[17] Cf. W. Pannenberg, Die Aufnahme des philosophischen Gottesbegriffs als dogmatisches Problem der frühchristlichen Theologie, in *Grundfragen systematischer Theologie*. 2. ed., Göttingen, 1971, pp. 296-346, principalmente 308-312.

[18] *The Uniqueness of Jesus.* New York, 1997, p. 7.

[19] "Ita quod nullum omnia in omnibus vincat" (*De docta ignorantia III, 1*. Hamburg, 1977, p. 10, n. 188; cit. por M. Álvarez Gómez, *Pensamiento del ser y espera de Dios*. Salamanca, 2004, p. 126).

[20] Afirmação curiosamente rejeitada por H. de Lubac: "Les religions et les sagesses humaines ne sont pas comme autant de sentiers gravissant, par des versants divers, les pentes d'une montagne unique. On les comparerait plutôt, dans leurs idéaux respectifs, à autant de sommets distincts séparés par des abîmes — et le pélerin qui s'est égaré hors de la seule direction, sur le plus haut sommet, risque de se trouver de tous le plus éloigné du but. Enfin, c'est entre les hautes cimes que se produit l'éclat des grands conflits". (*La recontre du bouddhisme et de l'Occident*. Paris, 2000, pp. 282-283).

[21] *Los hombres, relato de Dios*. Salamanca, 1994, pp. 254-255.

[22] Cf. F. Wagner, *Der Gedanke der Persönnlichkeit Gottes bei Fichte und Hegel*. Gütersloh, 1971, p. 14.

[23] Uma boa apresentação pode ser encontrada em J. Melloni, op. cit., pp. 311-364: Deus como *Tu* e Deus como *Tudo*.

[24] Remeto especialmente a A. Torres Queiruga, Dieu comme personne d'après la dialectique notion-concept chez Amor Ruibal, in M. M. Olivetti (ed.), *Intersubjectivité et théologie philosophique*. Padova, 2001, pp. 699-712; ———. La théologie négative: entre la richesse du signifié et l'indigence du concept, in M. M. Olivetti (ed.), *Théologie négative*. Milano, 2002, pp. 357-

373. Lá remeto ao tratamento mais amplo em *Constitución y Evolución del Dogma. La teoría de Amor Ruibal y su aportación.* Madrid, 1977.

[25] *Constitución y Evolución del Dogma*, p. 204; cf. toda a discussão nas pp. 203-209.

[26] *El problema filosófico de la historia de las religiones.* Madrid, 1993, p. 135; a idéia é repetida na p. 157.

[27] É a tese central do meu livro *Recupera-la creación.* Por unha relixión humanizadora. Vigo, 1996 (ed. espanhola: *Recuperar la creación.* 3. ed., Santander, 2001; ed. brasileira: *Recuperar a criação.* São Paulo, 1999).

[28] Há muito incluído nessa afirmação; cf., como síntese hermenêutica sensível e como caminho para continuar aprofundando, P. Ricoeur, La paternité: du phantasme au symbole, in *Le conflit des interprétations.* Paris, 1969, pp. 458-468; nessa direção tentei oferecer algo, principalmente em *Creo en Dios Padre* (Santander, 1986) e *Recuperar la creación* (Santander, 1996).

[29] Cf. *La rencontre du bouddhisme et de l'Occident*, pp. 275-276.

[30] *An Interpretation of Religion. Human Responses to the Transcendent.* London, 1989, pp. 241-246 e *passim.* É curiosa sua evolução, bem estudada por G. D'Costa, *John Hick's Theology of Religion. A Critical Evaluation.* Lanham/ New York/London, 1987, pp. 153-185: começou usando para a relação com Deus o esquema eu-tu de Martin Buber; mas a partir de 1980 passou para qualificações impessoais (tomo a referência de R. Bernhardt, *La pretensión de absolutez del cristianismo. Desde la Ilustración hasta la teología pluralista de la religión.* Bilbao, 2000, p. 294, n. 51).

[31] Contudo, eu seria mal interpretado se se pensasse que não aprecio e não medito os trabalhos sérios a este respeito, como os que, com sabedoria admirável e esforço infatigável, desenvolve entre nós R. Panikkar. O que eu procuro simplesmente é uma precaução contra as aplicações exageradamente fáceis, assinalando, isto sim, a dificuldade de fundo, que de modo algum pode ser dada como resolvida.

[32] Cf., por exemplo, la *Śvetaśvara-Upanishad*, que pode ser encontrada em A. Agud & F. Rubio (eds.), *La ciencia del "brahman". Once Upanishad antiguas.* Madrid, 2000, pp. 175-188, com as excelentes notas esclarecedoras: pp. 188-217.

[33] Cf. J. B. Carman, verbete "Bhakti", in M. Eliade (ed.), *Encyclopedia of Religion*, v. II, pp. 130-133; e de maneira mais sucinta M. Delahoutre, verbete "Bhakti", in P. Poupard (ed.), *Diccionario de las Religiones*. Barcelona, 1987, pp. 186-187; e P. Massein, verbete "Bhakti" búdica, ibid., p. 187. Para uma visão mais geral, cf. J. Melloni, op. cit., pp. 343-364. A propósito da contraposição geral, cf. C. Díaz, *Religiones personalistas y religiones transpersonalistas*. Bilbao, 2003.

[34] *Il dialogo intrareligioso*, cit.

[35] *Lectures 3. Aux frontières de la philosophie*. Paris, 1994, p. 268.

[36] Dialogo e annuncio: riflessioni e orientamenti sul dialogo interreligioso e l'annuncio del Vangelo di Gesù Cristo. (Pontificium Consilium pro Dialogo inter Religiones) *Bulletin* 7/26, 1991/2, pp. 159-200.

[37] Sobre seu caráter reacionário contra a abertura de *Diálogo y anuncio* (1991) e certas circunstâncias de sua redação, cf. G. Zizola, La oposición al sistema de Asís, in *La otra cara de Wojtyla*. Valencia, 2005, pp. 358-360.

[38] A. M. L. Soares, *Interfaces da Revelação. Pressupostos para uma teologia do sincretismo religioso no Brasil*. São Paulo, Paulinas, 2003.

[39] Ele a define assim: "A *síntese* é a criação de um *tertium quid* a partir de duas ou mais religiões, na qual destrói-se a identidade de todas elas. É algo que responde melhor à idiossincrasia de certos indivíduos ou grupos de indivíduos" (*Liberación, inculturación, diálogo religioso. Un nuevo paradigma desde Ásia*. Estella, 2001, p. 269).

[40] Ibid.

[41] Dentre a numerosa bibliografia, cf. A. Torres Queiruga, Inculturación de la fe, in Vv. Aa., *Conceptos Fundamentales del Cristianismo*. Madrid, 1993, pp. 611-619; E. Mveng, ¿Adaptación o inculturación? in *Identidad africana y cristianismo. Palabras de un creyente*. Estella, 1999, pp. 119-150; M. de França Miranda, *Inculturação da Fé. Uma abordagem teológica*, São Paulo, 2001; S. Tavarez (org.), *Inculturação da Fé*. Petrópolis, 2001.

[42] *Catechesi tradendae* (1979), n. 53.

[43] *Carta ao Cardeal Secretário de Estado*, 20 de maio de 1982.

[44] *The Jerome Biblical Commentary*, 68: 62,1 (New Jersey, 1993, p. 1091): "Os Setenta são de grande importância porque proporcionaram o meio cultural e o veículo literário para a pregação do cristianismo primitivo ao mundo gentio. Foi e continua sendo o texto litúrgico do Antigo Testamento usado por milhões de cristãos orientais ao longo dos séculos. Os Setenta não são só a forma pela qual o Antigo Testamento circulou mais amplamente nos tempos apostólicos, mas também proporcionam o texto original de alguns livros deuterocanônicos (Sb, 2Mc) e a forma básica de outros, seja em parte (Est, Dn, Sir), seja em sua totalidade (Tb, Jd, Br, 1Mc)". Éditions du Cerf está levando adiante um importante projeto, "La Bible d'Alexandrie"; cf. o estudo de sua iniciadora, M. Harl, La place de la Septante dans les études bibliques. *Esprit et Vie* 65, setembro/2002.

[45] Cf. uma informação fundamental em A. Torres Queiruga, *Constitución y Evolución del Dogma*, pp. 316-324; e C. Théobald, L'exégèse catholique au moment de la crise moderniste, in *La Bible de tous les temps*. Paris, 1985, v. VIII, pp. 366-399; 404-417; bem como a ampla discussão de E. von Ivánka, *Plato christianus. Übernahme und Umgestaltung des Platonismus durch die Väter*. Einsiedeln, 1964.

[46] *Le donné révélé et la théologie*. 2. ed., Paris, 1932, p. 113.

[47] Lamenta-o com razão A. Pieris, *Liberación, inculturación, diálogo religioso*, op. cit., pp. 177-120.

[48] *Transformación intercultural de la filosofía*. Bilbao, 2001; *Interculturalidad y filosofía en América Latina*. Aachen, 2003; *Sobre el concepto de interculturalidad*. México, 2004. Tomarei como base a excelente síntese que ele mesmo oferece em *De la inculturación a la interculturalidad*, acessível pela Internet no site da *Koinonia*.

[49] "[...] die christliche Verkündigung an die Philosophie anknüpfte, nicht an die Religionen" (*Die Einheit des Glaubens und die Vielfalt der Kulturen*, Festansprache am 2. Januar in Paderborn; cit. por J. Splett, *Wozu* Philosophie —— und obendrein christlich? *Revista Portuguesa de Filosofia* 60, 2004, pp. 393-412, na p. 405, n. 30.

[50] Cf. F. Teixeira, *Teologia das religiões. Uma visão panorâmica*. São Paulo, Paulinas, 1995, pp. 15-16.

51 J. Dupuis, *Gesù Cristo incontro alle religioni*. Assisi, 1989, p. 352. São importantes a esse respeito as considerações de Ll. Duch quando insiste em dialogar não tanto a partir da "religião" e da "Igreja" quanto a partir da "confissão" que "tem seu fundamento primordial na *experiência religiosa*" (*Religión y mundo moderno. Introducción al estudio del fenómeno religioso*. Madrid, 1995, pp. 386; 359-391).

52 De "conceito dramático" do encontro fala R. Schwager (ed.), *Christus allein? Der Streit um die pluralistische Religionstheologie*. Freiburg i.Br., 1996, pp. 83-117 (Questiones Disputatae, 160); cf. p. 99.

53 Nisso insiste I. Muñoz, *Religión y vida. El horizonte religioso en la actualidad*. Madrid, 1994, pp. 236-237, o que o leva a criticar minha proposta: "De 'inculturação' costuma falar-se sem reparos; de 'inreligionação' só se pode falar com alguns reparos e distâncias que relativizam muito — se é que não invalidam — a força do termo" (p. 236).

54 A. Russo (La funzione d'Israele e la legitimità delle altre religioni. *Rassegna di Teologia* 40, 1999, pp. 95-118, resumido em *Selecciones de Teología* 38, 1999, pp. 331-343), cumprindo alguns percursos através da Escritura, acaba concluindo que o que é aplicável a Israel é aplicável a todas as religiões; ele reconhece também que carecemos ainda do instrumental adequado.

55 *El evangelio al encuentro de las culturas. Pluralidad y comunión de las iglesias.* Bilbao, 1988, pp. 27-28. Cf. ainda: "A partir desse ponto de vista, raras vezes a pessoa se converte de uma grande religião para outra, a menos que esteja atravessando uma crise que a faça distanciar-se de sua tradição original. Converter-se de uma tradição religiosa popular para uma grande religião não significa abandonar a primeira pela segunda, mas, de uma ou de outra forma, tentar integrar uma na outra" (p. 41). "Para os missionários, a outra religião é uma religião estranha que, por isso mesmo, não lhes é familiar. Para a comunidade local é o seu próprio passado, e seus membros têm nela suas raízes. É a maneira como Deus falou aos seus antepassados. Eles se sentem herdeiros dessas duas tradições religiosas e gostariam de enriquecer-se com as duas e integrá-las" (p. 43).

56 Assim pode-se ler na tradução espanhola. Não tive ocasião de ver seu equivalente em inglês.

[57] *Liberación, inculturación, diálogo religioso*, p. 117, onde remete à sua obra anterior, *Asian Theology of Liberation*. New York, 1988, p. 52. Na tradução espanhola, que eu citarei (*El rostro asiático de Cristo*. Salamanca, 1991), o termo aparece na p. 165, traduzido como *inreligionización* (em ambas as obras se fala também paralelamente de *inculturización*).

[58] *El rostro asiático de Cristo*, p. 165. O texto prossegue: "Compreendo que essa expressão pode acabar sendo ofensiva para a sensibilidade latina. Inclusive um teólogo tão erudito e progressista como Congar, que com a probidade que o caracteriza se esforça sinceramente em avaliar a estrutura teológica de indianos como Amaladoss e Panikkar com sua insistência num *cristianismo hindu* em vez do cristianismo indiano, não vacila em advertir-nos do 'perigo sutil e real' de sincretismo e de 'contaminação' (sic!) da fé cristã pela religião não-cristã. Esses teólogos indianos e seus colegas do oeste estão trabalhando com dois paradigmas distintos!". Remete a Y.-M. Congar, *Evangelizazzione e cultura*. Roma, 1973, pp. 83-103.

[59] Pp. 70; 83-84; 166.

[60] P. 98.

[61] Pp. 99ss; 106ss; 164.

[62] *Passim*; principalmente, pp. 98-131.

[63] Pp. 69; 106; 164; 186.

[64] S. Weil, *Attente de Dieu*. Paris, 1966, pp. 175-181: "Quand on est né dans une religion qui n'est pas trop impropre à la prononciation du nom du Seigneur, quand on aime cette religion natale d'un amour bien orienté et pur, *il est difficile de concevoir un motif légitime de l'abandonner*, avant qu'un contact direct avec Dieu soumette l'âme à la volonté divine elle-même. Au-delà de ce seuil, le changement n'est légitime que par obéissance. L'histoire montre qu'en fait, cela se produit rarement. Le plus souvent, toujours peut-être, l'âme parvenue aux plus hautes régions spirituelles *est confirmée dans l'amour de la tradition qui lui a servi d'échelle*" (pp. 180-181; grifos meus).

[65] R. Schäffler, *Filosofía de la religión*. 2. ed., Salamanca, 2003, pp. 240-241: "A palavra religiosa não converte em supérflua a experiência do ouvinte, mas a torna possível de outro modo; e à luz das experiências para as quais

a palavra anunciada capacita o seu ouvinte se entenderá também de outro modo a mensagem que se lhe trouxe. [...] A inculturação missionária é um acontecimento dialógico no qual se diz aos ouvintes aquilo que eles não podem dizer a si mesmos com base em sua própria tradição, mas através do qual esses ouvintes dão uma resposta à mensagem que recebem, resposta que também faz o missionário ouvir algo que ele tampouco teria podido dizer a si mesmo" (p. 275).

[66] *La Iglesia, fuerza del Espíritu.* Salamanca, 1978, pp. 200-201.

[67] *El evangelio al encuentro de las culturas. Pluralidad y comunión de las iglesias.* Bilbao, 1988, p. 134. Ele cita Henri Le Saux (Svami Abhishiktananda). *La montée au fond du Coeur.* Paris, 1986; R. Panikkar, La mística del diálogo. *Yearbook of Contextual Theologies* 93, pp. 19-37; A. Pieris, *Love Meets Wisdom. A Christian Experience of Buddhism.* New York, 1988, pp. 119-123; M. Amaladoss, *Towards Fullness. Searching for an Integral Spirituality.* Bangalore, 1994; Cf. também J. Dupuis, *Gesù Cristo incontro alle religioni.* Assisi, 1989, pp. 27-120; cf., além disso, do mesmo autor, *Rumo a uma teologia cristã do pluralismo religioso,* pp. 370-371, que cita também B. Griffiths.

[68] Double appartenence et originalité du christianisme, in D. Gira & J. Scheuer, *Vivre de plusieurs religions. Promesse ou illusion?* Paris, 2000, p. 141; cit. de G. Comeau, *Grâce à l'autre. Le pluralisme religieux, une chance pour la foi.* Paris, 2004, pp. 147-148, que se inclina por uma resposta negativa, "por causa de certas incompatibilidades".

[69] P. 332.

[70] *Los problemas fundamentales de la Filosofía y el Dogma.* nova ed., Madrid, 1974, espec. cap. V, pp. 153-187; cap. XII/VI, 393-418.

[71] Os dados são tomados de G. Zizola, *La otra cara de Wojtila,* p. 355.

[72] Cf. J. González Núñez, *Las religiones tradicionales africanas y su vigencia.* Madrid, 1996; E. Mveng, *Identidad africana y cristianismo. Palavras de un creyente.* Estella, 1999; K. Blaser, Le salut par le monothéisme? Paganisme et discours missionnaire, in G. Emery & P. Gisel (eds.), *Le christianisme est-il un monothéisme?* Genève, 2001, pp. 93-118; A. A. da Silva, Pluralismo religioso y tradiciones religiosas africanas, in Asett-Al, *Por los muchos caminos de Dios.*

*Desafíos del pluralismo religioso a la teología de la liberación.* Quito, 2003. Em geral, referente a toda essa problemática, cf. a coleção "Sin Fronteras", Libros del Scam, do Editorial Verbo Divino.

[73] Cf. a ampla informação de J. M. Vigil, *Curso de teología popular sobre pluralismo religioso* (acessível pela Internet no site da *Koinonia*), Lição 18.

[74] Nesse sentido, o amplo projeto de H. Küng — que não se reduz só à "ética mundial" — é todo um sintoma e se torna altamente instrutivo. Um percurso que, iniciado com *El cristianismo y las grandes religiones* (Madrid, 1987), acaba de chegar ao seu final com *Der Islam. Geschichte, Gegenwart, Zukunft.* München/Zürich, 2004.

[75] R. Panikkar, Religious Pluralism: The Metaphysical Challenge, in L. S. Rouner (ed.), *Religious Pluralism.* Notre Dame (Indiana), 1984, pp. 97-115. Embora pessoalmente eu não levasse tão longe o "pluralismo do real" e o conseqüente "pluralismo da verdade" (p. 110), ele põe justamente em destaque a importância da *situação real.* Nesse sentido, os possíveis avanços na unificação das religiões — penso que permanecerá sempre no plural, mas eventualmente com uma certa convergência assintótica — vão estar profundamente marcados pelo fenômeno da crescente *planetarização* da humanidade. De imediato, precisamos dizer que não há previsões.

[76] *El único Cristo. La sinfonía diferida.* Santander, 2005, p. 122 e *passim*, principalmente a Segunda Parte: Las religiones en fragmentos (pp. 79-131).

[77] *El único Cristo,* cit., p. 235.

[78] *La revelación.* Madrid, 1987, pp. 312-313.

# Sumário

Prólogo ........................................................................................... 7

Apresentação ................................................................................ 11

CAPÍTULO 1
A "particularidade" como necessidade histórica ......................... 39

  1. A radicalidade atual do problema ............................................ 40

    1.1. Não existe universalidade abstrata ................................... 40

    1.2. Não existe revelação isolada ............................................ 42

    1.3. Está em jogo o próprio sentido da revelação ................... 44

    1.4. Orientação geral da resposta ........................................... 48

  2. O (suposto) silêncio de Deus: *Cur tam sero?* ......................... 49

  3. A (suposta) "eleição" de Deus: *Cur tam cito?* ........................ 54

    3.1. Não existe um "favoritismo" divino .................................. 55

    3.2. A missão particular como "estratégia" do amor universal .... 58

    3.3. A pressa do amor ............................................................ 61

**Capítulo 2**
A plenitude e definitividade da revelação cristã ....................... 67

1. A autocompreensão cristã e a questão do pluralismo............................. 68
    1.1. A impossibilidade de um pluralismo indiferenciado........................ 69
    1.2. A questão do critério: "lógica do descobrimento"............................ 78
    1.3. O *humanum* como critério constitutivamente aberto ...................... 82
    1.4. Sentido fundamental da "culminação" em Cristo ............................. 88
    1.5. Transição: necessidade de novas categorias .................................. 92
2. "Universalismo assimétrico" e "plenitude" cristã ................................... 93
    2.1. Dificuldade e sentido da categoria .................................................. 93
    2.2. Assimetria não é absolutismo .......................................................... 98
3. "Teocentrismo jesuânico" e definitividade cristã .................................. 102
    3.1. Importância constitutiva do "jesuânico"........................................ 102
    3.2. O específico do "teocentrismo" jesuânico ..................................... 111
    3.3. Uma plenitude relativa e aberta ..................................................... 118

**Capítulo 3**
O encontro entre as religiões.......................................................... 137

1. Todas as religiões são verdadeiras ......................................................... 138
2. O novo clima do diálogo........................................................................... 147
    2.1. A lógica da gratuidade ...................................................................... 147
    2.2. A insuficiência da linguagem........................................................... 153
    2.3. Uma aplicação: o diálogo Oriente-Ocidente ................................. 159
3. A "inreligionação" como modo do encontro ......................................... 167
    3.1. Os avanços: diálogo inter-religioso e inculturação......................... 167
    3.2. Da "inculturação" à "inreligionação"............................................. 174
    3.3. Presença implícita da "inreligionação" na teologia atual ............. 181
4. Perspectivas ............................................................................................... 188
    4.1. O que foi adquirido........................................................................... 189
    4.2. Ecumenismo *in fieri*: o tesouro no campo e as pegadas do Amado 193
5. Uma parábola para finalizar..................................................................... 200

**CADASTRE-SE**

**www.paulinas.org.br**

para receber informações sobre nossas
novidades na sua área de interesse:

• Adolescentes e Jovens • Bíblia
• Biografias • Catequese
• Ciências da religião • Comunicação
• Espiritualidade • Educação • Ética
• Família • História da Igreja e Liturgia
• Mariologia • Mensagens • Psicologia
• Recursos Pedagógicos • Sociologia e Teologia.

**Telemarketing  0800 7010081**

Impresso em papel Reciclato® 75 g/m²,
o primeiro papel offset brasileiro 100% reciclado,
produzido em escala industrial.
Paulinas Editora abraça a causa da preservação
do meio ambiente, com vistas a construir o presente
e garantir o futuro.

Impresso na gráfica da
Pia Sociedade Filhas de São Paulo
Via Raposo Tavares, km 19,145
05577-300 - São Paulo, SP - Brasil - 2007